KOREANISCHE GRAMMATIK für Anfänger

LERNEN
Koreanisch
GRAMMATIK ARBEITSBUCH FÜR ANFÄNGER

- ☑ Meistern Sie essenzielle koreanische Grammatikmuster Schritt für Schritt
- ☑ Üben Sie mit gezielten Schreibübungen & Tests
- ☑ Klare Erklärungen mit alltäglichen koreanischen Beispielen
- ☑ Konversationstipps, um Grammatik selbstbewusst anzuwenden
- ☑ Kontinuierlicher Fortschritt von den Grundlagen zur Fließend-Sprechfähigkeit

POLYSCHOLAR

www.polyscholar.com

INHALT

Einleitung   12

Einführende Lektion   14

Koreanische Schrift
Koreanischer Satzaufbau
Konjugation
Koreanische Sprachformen

Kapitel 1: "Sich selbst vorstellen"   24

I.   Vokabeln: Selbstvorstellung
II. Konversation
III. Grammatik:
1. Subjektpartikel: (은/는)
2. Formale Aussagen: ~입니다
3. Formale Fragen: ~입니까?
IV. Übung

Kapitel 2: "Alltägliche Gegenstände"   30

I.   Vokabeln: Häufige Dinge
II. Konversation
III. Grammatik:
1. Objektpartikel: 을 und 를
2. Verneinende Aussagen mit 안
3. Präsens ~아요/어요
IV. Übung

Kapitel 3: "Orte und Besitztümer"   37

I.   Vokabeln: Orte & Gegenstände
II. Konversation
III. Grammatik:
1. Themamarker: ~이/가
2. Ortsmarker: ~에
3. Besitzpartikel ~의
IV. Übung

Kapitel 4: "Wo bin ich?"   43

I. Vokabeln: Standorte & Richtung
II. Konversation
III. Grammatik:
1. N이에요/예요 [ist, bin, sind (höfliche Form)]
2. Nomen + 에 가다/오다 (Gehen nach/Kommen nach)
3. Ortsmarker: ~에 있다/없다
IV. Übung

Kapitel 5: "Zeit und ZeitPlan"   52

I. Vokabeln: Verben & Zeit
II. Konversation
III. Grammatik:
1. Uhrzeit angeben: ~시/~분 (Stunde/Minute)
2. Wochentage: ~요일
3. Präsens Progressiv ~고 있다
IV. Übung

Kapitel 6: "Menschen beschreiben"   61

I. Vokabeln: Nomen & Adjektive
II. Konversation
III. Grammatik:
1. N이/가 몇 명이에요?
2. N은/는 어떤 분이세요?
3. N은/는 Adjektiv + 고, Adjektiv + 해요
IV. Übung

Kapitel 7: "Höfliche Bitten formulieren"   70

I. Vokabeln: Verben & Nomen
II. Konversation
III. Grammatik:
1. Höfliche Bitten: ~(으)세요
2. Imperativform: ~아/어 주세요
3. Ehrerbietige Bitten: ~시겠어요?
IV. Übung

Kapitel 8: "Fragen stellen"   77

I. Vokabeln: Verben & Nomen
II. Konversation
III. Grammatik:
1. Höfliche Bitten: ~(으)세요
2. Imperativform: ~아/어 주세요
3. Ehrerbietige Bitten: ~시겠어요?
IV. Übung

Kapitel 9: " Vorlieben und Abneigungen"   84

I.   Vokabeln: Nomen & Verben
II. Konversation
III. Grammatik:
1. Verb + ~고 싶다 (Etwas tun wollen...)
2. Verb + ~을/를 좋아하다 (Mögen)
3. Verb + ~을/를 싫어하다 (Nicht mögen)
IV. Übung

Kapitel 10: "Fähigkeiten und Absichten"   91

I.   Vokabeln: Aktivitäten
II. Konversation
III. Grammatik:
1. Verb + (으)ㄹ 수 있다/없다: Kann/Kann nicht
2. Verb + (으)ㄴ/는 것: Verben in Nomen umwandeln
3. Verb + (으)려고 하다: Absicht ausdrücken
IV. Übung

Kapitel 11: "Über die Vergangenheit sprechen"   98

I.   Vokabeln: Vergangene Ereignisse
II. Konversation
III. Grammatik:
1. Vergangenheitsform: ~았/었
2. Vergangene Handlungen ausdrücken: ~했어요
3. 3. Erfahrungen erzählen: ~본 적 있다
4. 4. "Vorher" verwenden: ~전에
IV. Übung

Kapitel 12: "Zukunftspläne und Möglichkeiten"   106

I.   Vokabeln: Zukünftige Ereignisse
II. Konversation
III. Grammatik:
1. Futur: ~ㄹ/을 거예요
2. Pläne und Absichten: ~려고 하다
3. Wahrscheinlichkeit ausdrücken: ~ㄹ 것 같다
4. 4. "Vielleicht" verwenden: 아마 ~ㄹ/을 거예요
IV. Übung

Kapitel 13: "Vergleiche"   113

I. I. Vokabeln: Vergleich
II. Konversation
III. Grammatik:
1. Komparative: ~보다 더 (Than)
2. Superlative: 가장 ~
3. Präferenzen ausdrücken: ~보다
4. 4. "Am wenigsten" verwenden: 덜 ~
IV. Übung

Kapitel 14: "Gefühle ausdrücken"   121

I. Vokabeln: Emotionen
II. Konversation
III. Grammatik:
1. Gefühlsverben: 기쁘다, 슬프다, 화나다
2. Emotionen ausdrücken: ~아서/어서
3. Zustände beschreiben: ~고 있다
4. "Fühlen wollen" verwenden: ~고 싶다
IV. Übung

Kapitel 15: "Tagesabläufe und Gewohnheiten"   128

I. Vokabeln: Tagesablauf
II. Konversation
III. Grammatik:
1. Verpflichtung: ~아/어야 하다
2. Notwendigkeit: ~필요하다
3. Vorschlag: ~하는 게 좋다
4. Gewohnheit ausdrücken: ~고 하다
IV. Übung

Kapitel 16: "Körper und Gesundheit"   137

I. Vokabeln: Körperteile
II. Konversation
III. Grammatik:
1. ~에서 (Bei, In, Von)
2. ~과/와 (Mit, Und)
3. ~도 (Auch, Ebenfalls)
4. ~때문에 (Wegen/Aufgrund von)
IV. Übung

Kapitel 17: "Jahreszeiten und Präferenzen" 145

I.   Vokabeln: Jahreszeit & Emotionen
II. Konversation
III. Grammatik:
1. Reaktionen ausdrücken: ~네요
2. Ursache und Wirkung ausdrücken: ~아서/어서
3. Präferenz ausdrücken: ~보다 더
4. Häufigkeit ausdrücken: ~마다
IV. Übung

Kapitel 18: "Hobbys und Freizeitbeschäftigungen" 154

I.   Vokabeln: Hobbys & Sport
II. Konversation
III. Grammatik:
1. "Wann" ausdrücken: ~(으)ㄹ 때
2. Zweck des Gehens: ~(으)러 가다
3. Genuss ausdrücken: ~(으)면서
4. Gewohnheitsmäßige Handlungen: ~(으)ㄴ 적이 있다
IV. Übung

Kapitel 19: "Reisen und Abenteuer" 162

I.   Vokabeln: Touristenorte
II. Konversation
III. Grammatik:
1. Zukunftspläne: ~(으)ㄹ 거예요
2. Neue Erfahrungen ausprobieren: ~아/어 보다
3. Vorschläge machen: ~는 게 좋다
IV. Übung

Kapitel 20: "Herumkommen" 170

I.   Vokabeln: Verkehrsmittel
II. Konversation
III. Grammatik:
1. "Entweder...oder..." ausdrücken: (이)나
2. Von Ort zu Ort: ~에서-까지
3. Dauer: ~동안
IV. Übung

Kapitel 21: "Einkaufen und Handeln"   177

I.   Vokabeln: Waren kaufen
II. Konversation
III. Grammatik:
1.   Objekte zählen
2.   Präferenz ausdrücken: ~고 싶다
3.   Rabatte verlangen: ~좀 깎아 주세요
IV. Übung

Kapitel 22: "Pläne mit Freunden machen"   185

I.   Vokabeln: Termine & Einladungen
II. Konversation
III. Grammatik:
1.   Vorschläge machen: (으)ㄹ까요?
2.   Umstände ausdrücken: ~는데/~은데
3.   Absichten: ~기로 하다
IV. Übung

Kapitel 23: "Dos und Don'ts"   192

I.   Vokabeln: Termine & Einladungen
II. Konversation
III. Grammatik:
1.   Verbot ausdrücken: (으)면 안 된다
2.   Gründe angeben: ~(으)니까
3.   Notwendigkeit oder Anweisungen: ~아야/어야 하다
IV. Übung

Kapitel 24: "Soziale Etikette"   198

I.   Vokabeln: Soziale Etikette
II. Konversation
III. Grammatik:
1.   Ehrerbietungsformen: (으)시~
2.   Verpflichtung: ~아야/어야 되다/하다
3.   Indirekte Rede: ~라고 하다
IV. Übung

Kapitel 25: "Schule und Studium"   205

I.   Vokabeln: Bildung
II. Konversation
III. Grammatik:
1. Gleichzeitige Handlungen: (으)면서
2. Leichtigkeit/Schwierigkeit: -기 쉽다/어렵다
3. Zweck: -기 위해서
IV. Übung

Kapitel 26: "Gesundheit und Wohlbefinden"   213

I.   Vokabeln: Gesundheit & Symptome
II. Konversation
III. Grammatik:
1. Nach Ereignis: -(으)ㄴ 후에
2. Höfliches Verbot: -지 마세요
3. Vorschläge zur Linderung: -는 게 좋다
IV. Übung

Kapitel 27: "Wegbeschreibungen"   221

I.   Vokabeln: Richtungen
II. Konversation
III. Grammatik:
1. Bedingungssätze: -면 with 혹시 and 만일
2. Höfliche Anfrage: ㅂ /습니까?
3. Ort/Existenz: -에 있다/없다
IV. Übung

Kapitel 28: "Bank und Finanzen"   230

I.   Vokabeln: Bankwesen
II. Konversation
III. Grammatik:
1. Absicht ausdrücken: -(으)려고
2. Einfache Bedingungen: -(으)면 되다
3. Höfliche Bitten: -아/어 주세요
IV. Übung

Kapitel 29: "Post und Lieferung"   237

I.   Vokabeln: Pakete/Lieferung
II. Konversation
III. Grammatik:
1.   Richtung/Mittel: -(으)로
2.   Höfliche Bitten: -(으)십시오
3.   Notwendigkeit/Erfordernis: -아/어야 하다
IV. Übung

Kapitel 30: "Über das Wetter sprechen"   244

I.   Vokabeln: Wetter
II. Konversation
III. Grammatik:
1.   Fähigkeit/Unfähigkeit: -(으)ㄹ 수 있다/없다
2.   Bedingungen: -(으)려면
3.   Kontrastierende Ideen: -지만
IV. Übung

ANHÄNGE   252

ANTWORTSCHLÜSSEL   259

Scannen Sie den QR-Code oder klicken Sie auf den untenstehenden Link, um alle Übungen aus diesem Buch in einem druckbaren PDF zu erhalten. So können Sie so viel üben, wie Sie möchten.

https://go.polyscholar.com/kgb

Einleitung

Willkommen zu "**Koreanisch lernen für Anfänger: Grammatik und Sprachgrundlagen**", Ihrem Leitfaden, um mit Selbstvertrauen und Begeisterung eine Reise in die koreanische Sprache zu beginnen! Dieses Buch wurde entwickelt, um Ihnen bei Ihren ersten Schritten zur Beherrschung des Koreanischen zu helfen, mit Fokus auf grundlegende Elemente, die das Lernen sowohl angenehm als auch lohnend machen. Ob Sie für Reisen, Arbeit, kulturelles Interesse oder einfach aus Liebe zur Sprache lernen, dieses Buch wird Sie durch alles führen, was Sie brauchen, um sich auf Koreanisch auszudrücken.?

Was ist in diesem Buch enthalten?

Dieses Buch ist in 30 Kapitel gegliedert, die jeweils so gestaltet sind, dass sie neue Vokabeln, wesentliche Grammatikmuster und praktische Konversationsfähigkeiten vermitteln . Hier ist, was jedes Kapitel bietet:

- **Vokabeln:** Sorgfältig ausgewählte Wörter zu Schlüsselthemen (wie Familie, Essen, Hobbys und tägliche Routinen), um eine praktische Grundlage zu schaffen.
- **Konversationsübungen:** Reale Szenarien und Dialoge, um Vokabeln in einen Kontext zu setzen und zu zeigen, wie Wörter und Phrasen natürlich in koreanischen Konversationen fließen.
- **Grammatikmuster:** Drei wesentliche Muster pro Kapitel, auf zugängliche Weise erklärt, um Ihnen zu helfen, Sätze zu bilden, Fragen zu stellen und sich genau auszudrücken.
- **Übungen:** Ansprechende Aktivitäten zur Verstärkung des Gelernten, die Ihnen das Selbstvertrauen geben, die Sprache zu Ihrer eigenen zu machen.

Wie dieses Buch Ihnen helfen kann

Koreanisch zu lernen ist nicht nur eine Frage der Sprache – es ist ein Tor zum Verständnis der koreanischen Kultur, Geschichte und der einzigartigen Perspektiven, die in ihrer Sprache eingebettet sind. Hangeul, Koreas phonetisches Alphabet, wurde entwickelt, um logisch und zugänglich zu sein, sodass Sie schnell in das Koreanische eintauchen und es in alltäglichen Situationen anwenden können. Da jedes Kapitel progressiv auf dem letzten aufbaut, bietet Ihnen dieses Buch einen klaren und unterstützenden Weg, um grundlegende Fähigkeiten zu entwickeln.

Warum Koreanisch lernen?

Koreanisch bietet Ihnen direkten Zugang zur populären Kultur, von K-Dramen und K-Pop bis hin zu Literatur und Essen, und öffnet Türen zu bedeutungsvollen Interaktionen mit Muttersprachlern. Durch die Beherrschung grundlegender Vokabeln und Grammatik können Sie beginnen, Koreanisch nicht nur als Sprache zu schätzen, sondern als eine einzigartige Ausdrucksform mit tiefen kulturellen Wurzeln.

Schlagen Sie also Kapitel 1 auf, und lassen Sie uns gemeinsam diese aufregende Reise ins Koreanische beginnen. Mit jeder Lektion kommen Sie dem Verständnis und Erleben des Wertes und der Schönheit des Koreanischen näher.

Bereit anzufangen? Los geht's!

Einführende Lektion

I. Koreanische Schrift

Die koreanische Schrift, bekannt als Hangeul (한글), wurde im 15. Jahrhundert während der Herrschaft von König Sejong dem Großen entwickelt. Vor der Entstehung von Hangeul verwendeten Koreaner hauptsächlich klassische chinesische Schriftzeichen, die für den durchschnittlichen Menschen komplex und schwer zu erlernen waren. In Erkenntnis der Notwendigkeit eines einfacheren Schriftsystems, das für alle zugänglich ist, initiierte König Sejong die Entwicklung von Hangeul.

Das Konzept von Himmel, Land und Erde in Hangeul

Die Hangeul-Schrift ist mit symbolischer Bedeutung durchdrungen, besonders in ihrer Darstellung der Konzepte von Himmel, Land und Erde. Diese dreiteilige Symbolik spiegelt die koreanische Weltanschauung und die philosophischen Grundlagen der Sprache wider.

• Himmel (하늘, Haneul): Dargestellt durch den Vokal ㅏ (a), symbolisiert Bestrebungen und die göttliche Verbindung.
• Land (땅, ttang): Dargestellt durch den Vokal ㅡ (eu), bedeutet Stabilität und den pflegenden Aspekt der Natur, repräsentiert gemeinschaftliche Wurzeln.
• Erde (지구, Jigu): Dargestellt durch den Konsonanten ㅇ (ng), symbolisiert die materielle Welt und die Verbundenheit aller Lebewesen.

Konzept	Hangeul-Symbol	Symbolik
Himmel	ㅏ	*Erhebung und Bestrebungen*
Land	ㅗ	*Stabilität und gemeinschaftliche Wurzeln*
Erde	ㅇ	*Materielle Realität und Harmonie*

II. Einführung in die koreanische Aussprache

Hangeul, das koreanische Schriftsystem, ist nicht nur für sein Design einzigartig, sondern auch für seinen phonetischen Charakter, was es relativ unkompliziert macht, es auszusprechen, sobald die grundlegenden Regeln verstanden sind. In dieser Lektion werden wir erforschen, Wie man benutzt: Hangeul-Buchstaben ausspricht, einschließlich Konsonanten und Vokale, und Beispiele zur Erleichterung des Lernens bereitstellen.

1. Grundlegende Komponenten von Hangeul

Hangeul besteht aus 14 grundlegenden Konsonanten und 10 grundlegenden Vokalen. Jeder Buchstabe hat einen spezifischen Klang, und wenn sie kombiniert werden, bilden sie Silben.

A. Konsonanten

Hier sind die grundlegenden Konsonanten und ihre Aussprache:

Hangul	Romanization	Pronunciation
ㄱ	g/k	Zwischen "g" und "k"
ㄴ	n	"n" wie in "nein"
ㄷ	d/t	Zwischen "d" und "t"
ㄹ	r/l	"r" (leicht) oder "l"
ㅁ	m	"m" wie in "Mama"
ㅂ	b/p	Zwischen "b" und "p"
ㅅ	s	"s" wie in "See"
ㅇ	ng	Stumm am Anfang / "ng"
ㅈ	j	"j" wie in "Jazz"

Hangul	Romanization	Pronunciation
ㅊ	ch	"ch" wie in "Chance"
ㅋ	k	"k" wie in "Karte"
ㅌ	t	"t" wie in "Tanne"
ㅍ	p	"p" wie in "Papa"
ㅎ	h	"h" wie in "Hut"

B. Vokale

Hier sind die grundlegenden Vokale und ihre Aussprache:

Hangul	Romanization	Pronunciation
ㅏ	a	"a" wie in "Vater"
ㅑ	ya	"ja" wie in "Jagd"
ㅓ	eo	"ö" wie in "Löffel" (aber ohne Lippenrundung)
ㅕ	yeo	"jö" wie in "jö" (aber ohne Lippenrundung)
ㅗ	o	"o" wie in "Ofen"
ㅛ	yo	"jo" wie in "Joch"
ㅜ	u	"u" wie in "Buch"
ㅠ	yu	"ju" wie in "Juli"
ㅡ	eu	Ähnlich wie ein kurzes "ü" ohne Lippenrundung
ㅣ	i	"i" wie in "Igel"

C. Zusammengesetzte Konsonanten

Zusammengesetzte Konsonanten sind gespannte oder "verdoppelte" Versionen der grundlegenden Konsonanten, die mit mehr Kraft und ohne Luftentlassung ausgesprochen werden. Sie erzeugen einen schärferen, intensiveren Klang im Vergleich zu ihren Grundformen.

Hangul	Romanisierung	Aussprache
ㄲ	*kk*	Hartes "k" (gespannt)
ㄸ	*tt*	Hartes "t" (gespannt)
ㅃ	*pp*	Hartes "p" (gespannt)
ㅆ	*ss*	Hartes "s" (gespannt)
ㅉ	*jj*	Hartes "j" (gespannt)

D. Zusammengesetzte Vokale

Zusammengesetzte Vokale werden durch die Kombination von zwei grundlegenden Vokalen gebildet und erzeugen gemischte Klänge. Diese werden verwendet, um Diphthonge darzustellen, bei denen zwei Vokalklänge in einer einzigen Silbe verschmolzen werden.

Hangul	Romanisierung	Aussprache
ㅐ	*ae*	"ä" wie in "Bär"
ㅒ	*yae*	"jä" wie in "jäten"
ㅔ	*e*	"e" wie in "Bett"
ㅖ	*ye*	"je" wie in "jeder"
ㅘ	*wa*	"wa" wie in "Wasser"
ㅙ	*wae*	"wä" wie in "Wärme"

ㅚ	*oe*	"ö" wie in "Öl"
ㅝ	*wo*	"wo" wie in "Wolke"
ㅔ	*we*	"we" wie in "Welle"
ㅟ	*wi*	"wi" wie in "Wiese"
ㅢ	*ui*	"üi" (zwischen "ü" und "i")

2. Kombination von Konsonanten und Vokalen

Im Hangeul werden Konsonanten und Vokale kombiniert, um Silben zu bilden. Ein Silbenblock besteht typischerweise aus einem Anfangskonsonanten, einem Vokal und manchmal einem Endkonsonanten.

Beispiel

- 가 (ga): ㄱ + ㅏ
- 마 (ma): ㅁ + ㅏ
- 한 (han): ㅎ + ㅏ + ㄴ
- 봄 (bom): ㅂ + ㅗ + ㅁ

3. Aussprachetipps

- **Anfangsposition:** Konsonanten werden kraftvoller ausgesprochen, wenn sie am Anfang einer Silbe stehen.
- **Endposition:** Einige Konsonanten klingen leicht anders, wenn sie am Ende einer Silbe stehen. Zum Beispiel klingt ㄱ wie ein weiches g.
- **Nasallaute:** Der Endkonsonant ㅇ erzeugt einen Nasallaut und kennzeichnet oft das Ende einer Silbe, ohne einen zusätzlichen Vokallaut hinzuzufügen.

III. Koreanischer Satzbau

Koreanische Sätze bestehen entweder aus "Subjekt + Prädikat (Verb)" oder "Subjekt + Objekt + Prädikat (Verb)".

지수+ 가 + 자요. (Jisoo schläft)
Subjekt   Prädikat

지민이가+ 밥을 + 먹어요. (Jimin isst Reis)
Subjekt   Objekt   Prädikat

Partikeln werden in koreanischen Sätzen an Wörter angehängt.

* Nach dem Subjekt wird 이 oder 가 verwendet.
* Nach einem Objekt wird die Partikel 을 oder 를 verwendet.
* Nach einem Adverb wird 에 oder 에게 verwendet.

i. 지원이가 사과를 먹어요. **(Jiwon isst einen Apfel)**
   Subjekt   Objekt   Verb

ii. 민석이가 책을 도서관에서 읽어요. **(Minseok liest ein Buch in der Bibliothek.)**
   Subjekt   Adverb   Objekt   Prädikat

Prädikate stehen immer ganz am Ende des Satzes, die Reihenfolge von Subjekten, Objekten und Adverbialen ändert sich je nach Absicht des Sprechers.

iii. 사과를 + 지원이가 + 먹어요. **(Jiwon isst einen Apfel)**
   Objekt   Subjekt   Prädikat

iv. 책을 + 도서관에서 + 민석이가 + 읽어요. **(Minseok liest ein Buch in der Bibliothek.)**
   Objekt   Adverb   Subjekt   Verb

Darüber hinaus kann das Subjekt weggelassen werden, wenn es aus dem Kontext klar verstanden werden kann.

가: 지원이가 뭐 해요? **Was macht Jiwon?**
나: 사과를 먹어요. **Isst einen Apfel.**

   (Wir haben hier Jiwon weggelassen, weil aus dem Kontext eindeutig hervorgeht, dass wir über Jiwon sprechen).

가: 어디에 가요? **Wohin gehst du?**
나: 학교에 가요. **Ich gehe zur Schule.**

   (Wie wir hier sehen können, haben wir "du" und "ich" in koreanischen Sätzen weggelassen, weil es klar ist, dass jemand mit der Person spricht, die vor ihm oder ihr steht).

IV. Grundlagen der koreanischen Konjugation

1. Einleitung

Koreanische Verben und Adjektive werden aus folgenden Gründen konjugiert.

- Zeitform
- Höflichkeitsstufe
- Passiv
- Kausativformen
- Sprachstil

2. Konjugation von Verben

Im Koreanischen werden Verben immer am Ende eines Satzes konjugiert. Die Grundform eines Verbs endet auf -다 (z.B. 가다, 먹다). Bei der Konjugation entfernt man das -다 und fügt die entsprechende Endung hinzu

A. Präsens

Für das Präsens hängt die Konjugation davon ab, ob der Verbstamm auf einen Vokal oder Konsonanten endet.

Auf Vokal endende Stämme: Fügen Sie -아요 hinzu (wenn der letzte Vokal ㅏ oder ㅗ ist) oder -어요 (für andere Vokale).

가다 (gehen) → 가요 (Ich gehe)

보다 (sehen) → 봐요 (Ich sehe)

Auf Konsonant endende Stämme: Fügen Sie ebenfalls -아요 oder -어요 hinzu.

먹다 (essen) → 먹어요 (Ich esse)

읽다 (lesen) → 읽어요 (Ich lese)

B. Vergangenheitsform

Die Vergangenheitsform wird gebildet, indem man -았어요 (für Stämme mit ㅏ oder ㅗ) oder -었어요 (für andere Stämme).

가다 → 갔어요 (Ich ging)

먹다 → 먹었어요 (Ich aß)

공부하다 (lernen) → 공부했어요 (Ich lernte)

C. Futur

Für das Futur fügt man -을 거예요 für auf Konsonanten endende Stämme oder -ㄹ 거예요 für auf Vokale endende Stämme hinzu.

가다 → 갈 거예요 (Ich werde gehen)

먹다 → 먹을 거예요 (Ich werde essen)

4. Konjugation von Adjektiven

Koreanische Adjektive funktionieren ähnlich wie Verben. Sie ändern ihre Form auch basierend auf Zeitform und Höflichkeit. Adjektive enden in ihrer Grundform auf -다.

A. Präsens

Genau wie Verben werden Adjektive mit -아요 oder -어요 konjugiert, abhängig vom letzten Vokal.

크다 (groß sein) → 커요 (Es ist groß)
작다 (klein sein) → 작아요 (Es ist klein)

B. Vergangenheitsform

Um die Vergangenheitsform auszudrücken, fügen Sie -았어요 oder -었어요, hinzu, nach der gleichen Regel.

크다 (groß sein) → 컸어요 (Es war groß)
작다 (tklein sein) → 작았어요 (Es war klein)

5. Höflichkeitsebenen

Koreanisch hat verschiedene Höflichkeitsebenen, die beeinflussen, wie Verben und Adjektive konjugiert werden. Bisher haben wir den höflichen Stil (mit der Endung -요) gesehen. Hier ist ein kurzer Überblick über andere gängige Stile:

Informell: Das -다. **Formell: Fügen Sie- -습니다 oder -ㅂ니다.**

가다 → 가 **(Geh)**   가다 → 갑니다 **(Ich gehe)**
먹다 → 먹어 **(Iss)**   먹다 → 먹습니다 **(Ich esse)**

Höflich: Fügen Sie das: -요.
가다 → 가요. (Gehen Sie)
먹다 → 먹어요. (Essen Sie)

Zusammenfassung der Hauptunterschiede:

Zeitform	Informell	Höflich	Formell
Präsens	자	자요	잡니다
	사	사요	삽니다
Vergangenheit	잤어	잤어요	잤습니다
	샀어	샀어요	샀습니다
Futur	잘 거야	잘 거예요	잘 것입니다
	살 거야	살 거예요	살 것입니다

Kapitel- 1

SICH SELBST VORSTELLEN

I. Vokabeln

나	Ich
저	Ich (저 ist die höfliche Form von 나)
여러분	Meine Damen und Herren
씨	Herr/Frau
선생님	Lehrer
학생	Schüler/Student
회사원	Angestellter
가수	Sänger
배우	Schauspieler/Schauspielerin
학교	Schule
회사	Firma
네	Ja
아니요	Nein
미국	Amerika
영국	Vereinigtes Königreich
인도	Indien
인도네시아	Indonesien
대한민국	Republik Korea
태국	Thailand

중국	China
독일	Deutschland
일본	Japan
프랑스	Frankreich
러시아	Russland
서울대학교	Seoul Universität
삼성	Samsung

Ausdrücke

실례합니다.	Entschuldigung
이름이 뭐예요?	Wie heißen Sie?
처음 뵙겠습니다.	Wörtlich bedeutet es "Ich treffe Sie zum ersten Mal"
만나서 반갑습니다.	Wörtlich bedeutet es "Ich freue mich, dass wir uns getroffen haben" (Kann jederzeit verwendet werden, wenn man jemanden trifft)

II. Konversation

가: 처음 뵙겠습니다.	Schön, Sie zum ersten Mal zu treffen.
나: 네, 처음 뵙겠습니다.	Ja, schön, Sie zum ersten Mal zu treffen.
가: 저는 김민준입니다.	Ich bin Kim Minjun.
이름이 뭐예요?	Wie heißen Sie?
나: 저는 박지민입니다.	Ich heiße Park Jimin.
가: 만나서 반갑습니다.	Schön, Sie kennenzulernen.
나: 네, 만나서 반갑습니다.	Schön, Sie auch kennenzulernen.

Hinweis: 가 bedeutet er/sie und 나 bedeutet ich.
Bitte beziehen Sie sich hierauf für zukünftige Konversationen.

III. Grammatik

1. Themenmarker: (은/는)

Der Themenmarker 은/는 wird verwendet, um das Thema des Satzes einzuführen und gibt Informationen darüber, worum es im Satz geht oder um einen Kontrast zu etwas zuvor Erwähntem herzustellen. Er betont nicht unbedingt das Subjekt selbst, sondern bietet einen allgemeinen Kontext für das, worüber gesprochen wird.

Wie man benutzt: 은/는:

- Verwende 은 nach einem Nomen, das mit einem Konsonanten endet
- Verwende 는 nach einem Nomen, das mit einem Vokal endet.

Beispiele:

- 책(Buch)+ 은 =책은
- 친구(Freund)+ 는= 친구는
- 저는 학생입니다.
- 잭슨은 가수입니다.

2. Formale Aussagen: ~입니다

~입니다 ist eine höfliche und formelle Endung, die in deklarativen Sätzen verwendet wird, um Fakten auszudrücken, sich selbst vorzustellen oder Dinge zu beschreiben. Es ist das Äquivalent zu "ist/bin/sind" im Deutschen, wird aber am Ende des Satzes verwendet, um die typische koreanische Subjekt-Objekt-Verb-Struktur beizubehalten.

Wie man benutzt ~입니다

Hänge 입니다 an ein Nomen an, um eine höfliche formelle Aussage zu erstellen. 입니다 ist wesentlich in formellen oder respektvollen Umgebungen, wie bei der Vorstellung, der Präsentation von Fakten x`oder beim Geben formeller Erklärungen.

Beispiele:

i. 가: 저는 투안입니다.
   나: 저는 사쿠라입니다.
ii. 가: 저는 태국 사람입니다.
   나: 저는 일본 사람입니다.
iii. 저는 회사원입니다.

Hinweis: 사람 bedeutet 'Mensch' oder 'Person'. Wenn Sie das Land, aus dem Sie kommen oder jemand anderes kommt, vorstellen möchten, können Sie 사람 zum Namen des Landes hinzufügen, um die Nationalität anzugeben. Zum Beispiel., 일본 + 사람 = 일본 사람.
                        Japan   Person   Japaner

3. 3. Formale Fragen: ~입니까?

입니까? ist die formelle und höfliche Endung, die verwendet wird, um Fragen zu stellen. Sie wird anstelle von 입니다 verwendet, wenn Sie Informationen erfragen oder bestätigen müssen.

Wie man benutzt: ~입니까?

Hänge 입니까? an ein Nomen an, um eine Frage zu bilden.

   학생입니까? → " Sind Sie ein Student? "

Wie 입니다, 입니까? wesentlich, um einen respektvollen Ton beizubehalten, besonders in formellen Umgebungen oder wenn man mit Fremden, Älteren oder Vorgesetzten spricht.

Beispiele:

i. 가: 학생입니까?
　　나: 네, 학생입니다.
ii. 가: 민수씨는 가수입니까?
　　나: 아니요, 회사원입니다.
iii. 사냄씨는 배우입니까?
　　나: 네, 배우입니다.

IV. Übung

1. Lückentext (Subjektpartike: 는/은)

i. 저＿＿＿＿ 학생입니다.

ii. 선생님＿＿＿＿ 한국 사람입니다.

iii. 잭슨씨＿＿＿＿ 중국 사람입니다.

iv. 이 분 ＿＿＿＿ 가수입니다.

v. 이 배우 ＿＿＿＿ 미국사람입니다.

2. Vervollständige den Dialog durch Verwendung des Vokabulars.

i. A: 실례합니다. ＿＿＿＿＿＿＿.

　B: 네, ＿＿＿＿＿＿＿. 제 이름은 태민입니다.

ii. A: 여러분, 이분은 한국 ＿＿＿＿＿＿＿입니다.

　B: 만나서 ＿＿＿＿＿＿＿.

iii. A: 저는 ＿＿＿＿＿＿＿ 사람입니다.

　B: 아, 처음 뵙겠습니다. 저는 ＿＿＿＿＿＿＿입니다.

iv. A: 안녕하세요. 저는 삼성 ＿＿＿＿＿＿＿입니다.

　B: 안녕하세요. 저는 한국대학교 ＿＿＿＿＿＿＿입니다.

3. Schreibe die Namen der markierten Länder auf Koreanisch.

i. _____

ii. _____

iii. _____

iv. _____

v. _____

4. Vervollständige jeden Satz, indem du das passende Vokabular auswählst.

i. 저는 _____입니다. (Ich bin ein Student.)

ii. 안녕하세요. 저는 지민 _____. (Hallo, ich bin Jimin.)

iii. _____. 이름이 뭐예요? (Entschuldigung, wie heißen Sie?)

iv. _____은 배우입니다. (Herr/Frau Kim ist ein Schauspieler.)

v. 여러분, _____ 반갑습니다.

(Meine Damen und Herren, ich freue mich, Sie kennenzulernen.)

Kapitel - 2
ALLTÄGLICHE GEGENSTÄNDE

I. Vokabeln

이것	Dieses
그것	Das
저것	Jenes
이	Dieses
그	Das
저	Jenes
책	Buch
사전	Wörterbuch
잡지	Zeitschrift
신문	Zeitung
공책	Notizbuch
명함	Visitenkarte
연필	Bleistift
볼펜	Kugelschreiber
시계	Uhr
우산	Regenschirm
책상	Schreibtisch
의자	Stuhl
영어	Englisch
한국어	Koreanisch
일본어	Japanisch
무엇, 뭐	Was
그래서	Also
그래요?	Ist das so?

읽다	lesen
보다	sehen/anschauen
공부하다	studieren/lernen
좋아하다	mögen
하다	machen/tun

Ausdrücke

안녕하세요	Hallo.
좋은 아침입니다	Guten Morgen
안녕히 가세요	Auf Wiedersehen (formell, wenn jemand geht und Sie bleiben)
안녕히 계세요	Auf Wiedersehen (formell, wenn Sie gehen und jemand bleibt)
안녕히 주무세요	Gute Nacht.
감사합니다	Danke.
잘 부탁드립니다	Bitte seien Sie nett zu mir. (Menschen sagen dies oft zu jemandem, den sie zum ersten Mal treffen).

II. Konversation

가: 안녕하세요!	Hallo!
나: 안녕하세요!	Hallo!
가: 이 책이 무엇이에요?	Was ist dieses Buch?
나: 이것은 한국어 사전이에요.	Dies ist ein koreanisches Wörterbuch.
가: 그렇군요!	Ach so!
저도* 한국어를 공부해요.	Ich lerne auch Koreanisch.
나: 정말요?	Wirklich?
저도 한국어를 공부해요.	Ich lerne auch Koreanisch.
가: 잘 부탁드립니다.	Bitte seien Sie nett zu mir.

Hinweis: 도 bedeutet "auch" und ersetzt 은/는, 이/가, oder 을/를 um Inklusivität hinzuzufügen. Es zeigt an, dass etwas für ein zusätzliches Subjekt oder Objekt gilt.

III. Grammatik

1. Objektpartikeln: 을 und 를

Im Koreanischen wird das Objekt eines Satzes (die Sache, auf die die Handlung ausgeführt wird) durch 을 oder 를. markiert. Diese Partikeln machen deutlich, worauf im Satz eingewirkt wird.

Wie man benutzt 을/를:

- 을 wird verwendet, wenn das Nomen mit einem Konsonanten endet.
- 를 wird verwendet, wenn das Nomen mit einem Vokal endet.

Beispiele:

- 책(Buch)+ 을 =책을
- 친구 (Freund)+ 를= 친구를
- 잡지를 읽어요?
- 책을 읽어요.
- 그 사람을 좋아해요.

2. Verneinende Aussagen mit 안 verwendet

Um einen Satz zu verneinen, verwendet man 안 vor dem Verb. Dies ähnelt dem "nicht" im Deutschen. 안 ist eine einfache Möglichkeit, verneinende Aussagen zu machen, und wird häufig in informeller und höflicher Sprache verwendet.

Wie man benutzt 안 verwendet

Die Struktur ist unkompliziert: Stellen Sie 안 direkt vor das Verb, um es zu verneinen.

Beispiele:

- 잡지를 안 읽어요.

Hier wird 안 vor 읽어요 (lesen) gestellt, um auszudrücken, dass die Handlung des Lesens nicht stattfindet.

- 책을 안 읽어요.

In diesem Beispiel verneint, 안 das 읽어요, also bedeutet der Satz "Ich lese kein Buch."

- 그 사람을 안 좋아해요.

In diesem Satz wird 안 vor 좋아해요 (mögen) gestellt, um die Handlung zu verneinen und auszudrücken, dass der Sprecher die Person nicht mag.

3. Verbkonjugation: Präsens ~ 아요/ 어요.

Im Koreanischen ändern Verben ihre Form basierend auf Zeitform und Höflichkeitsstufe. Hier konzentrieren wir uns auf die höfliche Gegenwartsform, die verwendet wird, um Handlungen auszudrücken, die jetzt geschehen oder Gewohnheiten, die Sie regelmäßig tun.

Die Verwendung der korrekten Präsensendungen ist entscheidend, um höfliche und klare Aussagen im Koreanischen zu machen.

Wie man benutzt: Verben in die -요 Form konjugiert

- Beginnen Sie mit dem Verbstamm (entfernen Sie 다 von der Wörterbuchform)
- Wenn der Verbstamm mit dem Vokal oder ㅗ, endet, fügen Sie 아요 hinzu.
- Wenn der Verbstamm mit einem anderen Vokal endet, fügen Sie 어요 hinzu.

Wörterbuchform	Verbstamm	Letzter Vokal	Präsens
읽다	읽	other	읽어요
보다	보	오	봐요
공부하다	공부하	아	공부해요
좋아하다	좋아하	아	좋아해요

Beispiele:

- 읽다 → 읽어요 (lesen wird zu ich lese)
- 보다 → 봐요 (sehen wird zu ich sehe)
- 공부하다 → 공부해요 (studieren wird zu ich studiere)
- 좋아하다 → 좋아해요 (mögen wird zu ich mag)
- 한국어를 공부해요
- 잡지를 좋아해요

IV. Übung

1. üllen Sie die Lücken mit der richtigen Objektpartikel
(을 oder 를)

i. 책_____ 읽어요.

ii. 한국어 _____ 공부해요.

iii. 잡지_____ 봐요.

iv. 영화를_____ 좋아해요.

v. 연필_____ 사용해요.

2. Konjugieren Sie die folgenden Verben in die höfliche Präsensform.

i. 읽다 (to read) → _____

ii. 공부하다 (to study) → _____

iii. 보다 (to see/watch) → _____

iv. 좋아하다 (to like) → _____

v. 하다 (to do) → _____

3. Schreiben Sie die folgenden Sätze als verneinende Sätze mit 안 um:

   i. 저는 신문을 읽어요. → _____

   ii. 저는 영어를 공부해요. → _____

   iii. 저는 잡지를 봐요. → _____

   iv. 저는 일을 해요. → _____

   v. 저는 영화를 좋아해요. → _____

4. Ordnen Sie das koreanische Wort seiner deutschen Bedeutung zu:

   i. 책   a. Magazine

   ii. 사전   b. Newspaper

   iii. 잡지   c. Korean language

   iv. 신문   d. Book

   v. 한국어   e. Dictionary

5. Lesen Sie den gegebenen Absatz und beantworten Sie die folgenden Fragen:

> 안녕하세요! 저는 잡지를 읽어요. 하지만 신문은 안 읽어요. 저는 한국어도 공부해요. 책을 좋아해요, 그래서 매일 책을 읽어요. 볼펜과 연필도 항상 가지고 있어요. 감사합니다!

i. 저는 무엇을 읽어요?

ii. 저는 신문을 읽어요? 아니면 안 읽어요?

iii. 저는 무엇을 좋아해요?

iv. 저는 한국어를 공부해요? 아니면 공부 안 해요?

v. 저는 무엇을 항상 가지고 있어요?

6. Schreiben Sie einen Absatz über Ihren Alltag.

Kapitel- 3

ORTE UND BESITZTÜMER

I. Vokabeln

장소[Ort]

여기	Hier
거기	Dort
저기	Dort drüben
어디	Wo
회사	Firma
사무실	Büro
화장실	Toilette
식당	Restaurant
집	Haus
기숙사	Wohnheim
빨래방	Waschsalon
미용실	Friseursalon
시장	Markt
마트	Supermarkt
편의점	Convenience-Store
슈퍼마켓	Supermarkt

물건[Gegenstände]

가족 사진	Familie Foto
가방	Tasche

여권	Reisepass
거울	Spiegel
화장품	Kosmetik
빗	Kamm
헤어드라이어	Haartrockner
베개	Kissen
이불	Decke

Ausdrücke

어디예요?	Wo sind Sie?
어디 가세요?	Wohin gehen Sie?
어디서 왔어요?	Woher kommen Sie?
미안해요.	Es tut mir leid
이것은 뭐예요?	Was ist das?

II. Konversation

가:안녕하세요! 어디 가세요? — Hallo! Wohin gehen Sie?
나: 안녕하세요! 회사에 가요. — Hallo! Ich gehe zur Firma.
가: 제 지갑이 여기에 있어요? — Ist meine Geldbörse hier?
나: 아니요, 지갑이 여기에 없어요. — Nein, die Geldbörse ist nicht hier.
가: 아, 미안해요. — Ah, Entschuldigung.
　　제 가방은 어디에 있어요? — Wo ist meine Tasche?
나: 가방은 저기 있어요. — Die Tasche ist dort drüben.
가: 감사합니다! — Vielen Dank!
　　그리고 이것은 뭐예요? — Und was ist das?
나: 아, 그거 제 가족 사진이에요. — Oh, das ist mein Familienfoto.
가: 사진이 예뻐요! — Das Foto ist schön!
나: 고마워요! — Danke!

III. Grammatik

1. Subjektpartikel: ~이/가

Die Subjektpartikeln 이/가 werden an Substantive angehängt, um das Subjekt des Satzes anzuzeigen. Sie werden verwendet, um das Subjekt in einem Satz hervorzuheben und werden je nach dem Endkonsonanten des Substantivs angehängt.

Verwendung von ~이/가

- 이 folgt auf Substantive, die mit einem Konsonanten enden.
- 가 folgt auf Substantive, die mit einem Vokal enden.
- Wenn 가 auf Substantive wie 저, 나, 너 folgt, wird es zu 제가, 내가, 네가.

Beispiele

i. 가방이 어디에 있어요?
ii. 가족 사진이 여기에 있어요.
iii. 거울이 화장실에 있어요.
iv. 여기가 기숙사입니까?

2. Ortsmarker: ~에

Der Ortsmarker ~에 wird verwendet, um anzuzeigen, wo sich etwas oder jemand befindet oder wohin jemand geht. Er wird an den Ort angehängt, an dem etwas existiert oder sich befindet.

Beispiele

i. 사무실에 가세요?
ii. 편의점에 가방이 있어요.
iii. 기숙사에 있어요
iv. 잭슨씨가 한국에 있어요

3. Besitzpartikel ~의

"Der Besitzmarker ~의 wird verwendet, um Eigentum oder Zugehörigkeit anzuzeigen. Er ähnelt dem Genitiv bzw. dem 's' oder 'es' im Deutschen (wie in 'Vaters Auto' oder 'des Kindes') und verbindet den Besitzer mit dem Objekt."

Beispiele

i. 가족의 집입니다.

ii. 친구의 지갑이에요.

iii. 민수씨의 헤어드라이어입니다.

iv. 그것은 누구의 화장품입니까?

IV. Übung

1. Füllen Sie die Lücken mit dem richtigen Marker (~이/가, ~에, oder ~의):

i. 가방 ___ 어디에 있어요?

ii. 화장실 ___ 저기에 있어요.

iii. 친구 ___ 가족 사진이에요.

iv. 식당 ___ 있어요?

2. Schreiben Sie die richtige Antwort, indem Sie die Lücken mit ~에 füllen

Beispiel: 가방 ___ 식당 Antwort: 가방이 식당에 있어요.

i. 지갑 ___ 사무실

ii. 거울 ___ 화장실

iii. 가족 사진 ___ 집

iv. 이불___빨래방

3. Ordnen Sie die Wörter, um einen korrekten Satz zu bilden

Beispiel: Wörter: 사진 / 가족 / 여기 / 이 / 에 있어요
Richtiger Satz: 가족 사진이 에 있어요.

i. Wörter: 가방 / 편의점 / 에 / 있어요 / 가방이

Richtiger Satz: _____

ii. Wörter: 화장실 / 거울 / 에 / 있어요 / 거울이

Richtiger Satz: _____

iii. Wörter: 지갑 / 사무실 / 에 / 있어요 / 지갑이

Richtiger Satz: _____

iv. Wörter: 집 / 이불 / 에 / 있어요 / 이불이

Richtiger Satz: _____

4. Wählen Sie den richtigen Marker (~이/가, ~에, oder ~의)

i. _____ 집이에요?
a) 이곳이
b) 이곳에
c) 이곳의
d) 이곳가

ii. 화장실 _____ 거울이 있어요.
   a) 화장실이
   b) 화장실에
   c) 화장실의
   d) 화장실가

iii. 가방 _____ 빨래방에 가요.
   a) 가방이
   b) 가방에
   c) 가방의
   d) 가방가

iv. 식당 _____ 어디예요?
   a) 식당이
   b) 식당에
   c) 식당의
   d) 식당가

5. Verbinden Sie mit den entsprechenden Wörtern.

i.   Cosmetics   a. 베개

ii. Restaurant   b. 가방

iii. Pillows   c. 식당

iv. Mart   d. 집

v.   House   e. 마트

vi. Bag   f. 화장품

Kapitel- 4

I. Vokabeln

장소[Ort]

건물	Gebäude
계단	Treppen
교회	Kirche
도서관	Bibliothek
박물관	Museum
병원	Krankenhaus/Klinik
우체국	Postamt
학원	Eine Akademie
호텔	Hotel
공원	Park
동네	Nachbarschaft
카페	Ein Café/Kaffeehaus
PC방	Internetcafé
은행	Bank
백화점	Kaufhaus

물건[Dinge]

냉장고	Ein Kühlschrank
노트북	Ein Laptop
다리미	Ein Bügeleisen

텔레비전	Fernseher
가구	Möbel
소파	Sofa
책장	Ein Bücherregal
침대	Bett
피아노	Klavier
테이블/탁자	Tisch
핸드폰/휴대폰	Smartphone
사진	Foto
식탁	Esstisch
카메라/사진기	Kamera

Ausdrücke

어떻게 지내세요?	Wie geht es Ihnen?
누구?/누구세요?	Wer ist das? /Wer ist dort?
잠시만요.	Einen Moment bitte.
아니요, 안돼요.	Nein, das ist nicht möglich.
네, 좋아요.	Ok, das ist gut.
맞아요.	Das stimmt.
아마도요.	Vielleicht.

Abbreviations

이것이= 이게	Dies
저것이= 저게	Das
그것이= 그게	Es

II. Konversation

민지: 안녕하세요 지수 씨!
　　어떻게 지내세요??

지수: 잘 지내요.
　　민지 씨 오늘 어디에 가요?

민지: 저는 병원에 가요.
　　민지 씨는요?

지수: 저는 우체국에 가요.
　　우체국은 동네에 있어요.

민지: 아, 그래요.
　　우체국에 잘 다녀오세요!

지수: 네, 감사합니다!

Minji: Hallo, Jisoo!
Wie geht es dir?

Jisoo: Mir geht es gut.
Minji, wohin gehst du heute?

Minji: Ich gehe ins Krankenhaus.
Und du?

Jisoo: Ich gehe zur Post. Die Post ist
in meiner Nachbarschaft.

Minji: Oh, ich verstehe.
Viel Spaß bei deinem Gang zur Post!

Jisoo: Ja, danke!

III. Grammatik

1. N이에요/예요 [ist, bin, sind (höfliche Form)]

이에요/예요 ist die höfliche Art, "ist/bin/sind" auf Koreanisch zu sagen. Es wird verwendet, um Substantive zu identifizieren oder zu beschreiben.

- Es ist das Äquivalent zu **"sein"** im Deutschen

Dieses Muster wird häufig in alltäglichen Konversationen und höflicher Sprache verwendet, um Personen, Objekte, Orte und Identitäten zu beschreiben.

Wie man benutzt: 이에요/예요 **verwendet**

- **Substantiv + 이에요:** "이에요" anhängen, wenn das

Substantiv mit einem Konsonanten endet

-　　-　　**Beispiel:** 책 + 이에요 → 책이에요 (Es ist ein Buch).

- • **Substantiv + 예요:** "예요" anhängen, wenn das Substantiv mit

- einem Vokal endet.

-　　-　　**Beispiel:** 학교 + 예요 → 학교예요 (Es ist eine Schule).

Beispiel

- 이것은 냉장고예요. (Das ist ein Kühlschrank.)
- 저것은 병원이 아니에요.(Das ist kein Krankenhaus.)
- 여기는 공원이에요. (Hier ist ein Park.)
- 저는 학생이에요. (Ich bin ein Student.)
- 저 사람은 선생님이에요.(Diese Person ist ein Lehrer.)

2. Substantiv + 에 가다/오다 (Gehen nach/Kommen nach)

Dieses Grammatikmuster wird verwendet, um die Bewegung einer Person zu einem bestimmten Ort zu beschreiben.

- 에 가다 bedeutet "zu einem Ort gehen".
- 에 오다 bedeutet "zu einem Ort kommen".

Die Partikel 에 zeigt das Ziel an, auf das die Bewegung gerichtet ist.

Wie man benutzt N + 에 가다/오다 verwendet

Substantiv + 에 가다: Wird verwendet, wenn angegeben wird, dass jemand zu einem Ort geht.

- **Beispiel:** 도서관 + 에 가다 → 도서관에 가요
  (Ich gehe in die Bibliothek)

Substantiv + 에 오다: Wird verwendet, wenn angegeben wird, dass jemand zu einem Ort kommt.

- • **Beispiel:** 학교 + 에 오다 → 학교에 와요
  (Ich komme zur Schule).

Beispiel

- 저는 박물관에 가요. (Ich gehe ins Museum.)
- 친구가 우리 집에 와요. (Mein Freund kommt zu uns nach Hause.)
- 내일 우체국에 가요. (Morgen gehe ich zur Post.)
- 그는 학원에 다녀요. (Er besucht eine Akademie.)
- 엄마가 시장에 가요. (Meine Mutter geht zum Markt.)

3. Ortsmarker: ~에 있다/없다

있다 bedeutet "existieren" oder "anwesend sein" an einem Ort, während 없다 "nicht existieren" oder "nicht anwesend sein" an einem Ort bedeutet.

Die Partikel 에 zeigt den Ort an, an dem jemand oder etwas existiert oder nicht existiert.

Dieses Muster wird verwendet, um die Anwesenheit oder Abwesenheit von Personen, Objekten oder Dingen an einem bestimmten Ort anzuzeigen.

Wie man benutzt ~에 있다/없다 verwendet

Substantiv + 에 있다: Um anzuzeigen, dass jemand oder etwas sich an einem Ort befindet

- Beispiel: 공원 + 에 있다 → 공원에 있어요
                                    (Im Park).

Substantiv + 에 없다: Um anzuzeigen, dass jemand oder etwas sich nicht an einem Ort befindet.

- • Beispiel: 집 + 에 없다 → 집에 없어요
                                    (Nicht zu Hause).

Beispiel

- 아빠는 회사에 있어요.
- 친구가 카페에 없어요.
- 가방은 교실에 있어요.
- 고양이가 방에 있어요.

IV. Übung

1. 1. Füllen Sie die Lücke aus (N이에요/예요)

i. 이것은 노트북_____.

ii. 저 건물은 도서관_____.

iii. 여기는 공원_____.

iv. 저 사람은 의사_____.

v. 이 물건은 냉장고_____.

2. Bilden Sie Sätze mit den gegebenen Wörtern und den gelernten Grammatikmustern.

i. 냉장고 / 거실 / 있다

ii. 친구 / 공원 / 가다

iii. 선생님 / 학교 / 없다

iv. 동생 / 도서관 / 오다

v. 사진 / 벽 / 있다

3. Wählen Sie das richtige Wort, um den Satz zu vervollständigen

i. 저는 내일 _____에 갈 거예요.

a) 사진

b) 병원

c) 핸드폰

ii. 동생이 _____에서 피아노를 연습해요.

a) 학원

b) 우체국

c) 책장

iii. 아버지는 _____에 있어요.

a) 계단

b) 은행

c) 다리미

iv. 우리는 주말에 _____에 가요.

a) 공원

b) 노트북

c) 침대

v. 이곳은 _____이에요/예요.

a) 카메라

b) 테이블

c) 교회

4. Beantworten Sie die folgenden Fragen mit 이에요 oder 예요.

i. 이것은 무엇이에요? (카메라)

ii. 저 사람은 누구예요? (선생님)

iii. 저 건물은 무엇이에요? (도서관)

iv. 이 물건은 무엇이에요? (텔레비전)

v. 이곳은 어디예요? (은행)

5. Lesen Sie den Text und beantworten Sie die folgenden Fragen:

> 미나는 아침에 도서관에 가요. 도서관에는 많은 책이 있어요. 미나는 책을 읽고, 노트북으로 공부도 해요. 점심 시간에 미나는 카페에 가서 커피를 마셔요. 그 후에 친구와 함께 공원에 가요. 공원에는 사람들이 많이 있어요. 미나는 저녁에 집에 와요. 집에는 침대와 소파가 있어요.

i. 미나는 아침에 어디에 가요?

a) 병원

b) 도서관

c) 학원

ii. 도서관에 무엇이 있어요?

a) 가방

b) 사진

c) 책

iii. 미나는 점심 시간에 어디에 가요?

a) 우체국

b) 카페

c) 호텔

iv. 공원에 사람들이 있어요?

a) 네, 있어요.

b) 아니요, 없어요.

v. 미나는 저녁에 집에 와요?

a) 맞아요

b) 아니요

vi. 미나의 집에는 무엇이 있어요?

Kapitel- 5

I. Vokabeln

가다	gehen
오다	kommen
돌아가다/돌아오다	zurückkehren
학교	Schule
슈퍼마켓	Supermarkt
역	Bahnhof
비행기	Flugzeug
배	Schiff
기차	Zug
지하철	U-Bahn
버스	Bus
택시	Taxi
사람	Person, Menschen
친구	Freund
남자	man
여자	Frau
가족	Familie
혼자	allein, eigenständig

지난주	letzte Woche
이번주	diese Woche
다음주	nächste Woche
지난달	letzter Monat
이번달	dieser Monat
다음달	nächster Monat
작년	letztes Jahr
금년/ 올해	dieses Jahr
내년	nächstes Jahr
매일	jeden Tag
일요일	Sonntag
월요일	Montag
화요일	Dienstag
수요일	Mittwoch
목요일	Donnerstag
금요일	Freitag
토요일	Samstag
언제	wann
생일	Geburtstag
다음	nächste

Ausdrücke

몇 시예요?

언제 가요?

생일이 언제예요?

어디에 가요?

생일 축하합니다.

부탁합니다.

Wie spät ist es?
Wann gehst du?
Wann ist dein
Geburtsta?
Wohin gehst du?
Herzlichen Glückwunsch zum
Geburtstag.
Bitte (wörtl. um einen Gefallen
bitten).

II. Konversation

A: 안녕하세요!

요즘 어떻게 지내세요?

B: 안녕하세요!

잘 지내요. 감사합니다.

A: 이번 주말에 어디에 가요?

B: 저는 금요일에 친구와

함께 슈퍼마켓에 가요.

A: 몇 시에 가요?

B: 오후 세 시에 가요.

그런데, 토요일에는

혼자 공원에 가요.

A: 언제 돌아와요?

B: 저녁 여섯 시에 돌아와요.

A: 그렇군요.

다음주 월요일에 만나요!

B: 네, 좋아요.

월요일에 학교에서 만나요.

Hallo!

Wie geht es dir in letzter Zeit? Hallo!

Mir geht es gut. Danke.

Wohin gehst du dieses Wochenende?

Ich gehe am Freitag mit meinem

Freund zum Supermarkt.

Um wie viel Uhr gehst du?

Ich gehe um 15 Uhr.

Aber am Samstag,

gehe ich allein in den Park.

Wann kommst du zurück?

Ich komme um 18

Uhr zurück.

Ich verstehe.

Lass uns am nächsten Montag treffe!

Ja, klingt gut.

Lass uns am Montag in der Schule

treffen.

III. Grammatik

1. Die Uhrzeit angeben: ~시/~분 (Stunde/Minute)

Im Koreanischen werden , 시 (Stunde) und 분 (Minute) verwendet, um die Zeit anzugeben.

- 시 wird für Stunden verwendet, während 분 für Minuten verwendet wird.
- **Beispiel:** : 3시 30분 → "3:30"

Wie man benutzt ~시/~분 (Stunde/Minute)

FFür Stunden verwende einheimische koreanische Zahlen + 시

- **Beispiel:** 한시 (1 Uhr), 두시 (2 Uhr), 세시 (3 Uhr).

FFür Minuten verwende sinokoreanische Zahlen + 분.

- **Beispiel:** 십 분 (10 Minuten), 삼십 분 (30 Minuten).

Beispiel

i. 지금은 두시예요.

ii. 저는 여섯시에 학교에 가요.

iii. 수업은 아홉시 삼십분에 시작해요.

iv. 친구 생일 파티는 일곱시에 있어요.

v. 몇 시에 떠나요?

Die Uhrzeit auf Koreanisch angeben

Volle Stunden	Mit Minuten
1:00 – 한시	1:15 – 한시 십오분
2:00 – 두시	2:30 – 두시 반 ("halb drei")
3:00 – 세시	3:45 – 세시 사십 오분
4:00 – 네시	4:10 – 네시 십분
5:00 – 다섯시	5:20 – 다섯시 이십분
6:00 – 여섯시	6:05 – 여섯시 오분
7:00 – 일곱시	7:50 – 일곱시 오십분
8:00 – 여덟시	8:25 – 여덟시 이십 오분
9:00 – 아홉시	9:40 – 아홉시 사십분
10:00 – 열시	10:35 – 열 시삼십 오분
11:00 – 열한시	11:55 – 열한시 오십 오분
12:00 – 열두시	12:45 – 열두시 사십 오분

AM/PM

- 오전 (AM)
- 오전 9시 – 9 Uhr morgens
- 오전 10시 30분 – 10:30 Uhr morgens

- 오후 (PM)
- 오후 2시 – 2 Uhr
- 오후 3시 15분 – 3:15 Uhr

Hinweis: 시 (Stunde): Verwende einheimische koreanische Zahlen.
분 (minute): Verwende sinokoreanische Zahlen.

2. Wochentage: ~요일

Im Koreanischen endet jeder Wochentag mit 요일.

월요일 (Montag)
화요일 (Dienstag)
수요일 (Mittwoch), usw...

Wie man benutzt: sie verwendet

Füge einfach 요일 tan, um einen bestimmten Tag anzugeben.

• **Beispiel:** "수요일에 약속이 있어요."
  (Ich habe am Mittwoch einen Termin)

Beispiel

i. 저는 금요일에 학교에 가요.
ii. 다음주 월요일에 만나요.
iii. 이번주 화요일에 회의가 있어요.
iv. 토요일에는 보통 집에 있어요.
v. 일요일에는 가족과 시간을 보내요.

3. Präsens Progressiv: ~고 있다

Die Verlaufsform der Gegenwart wird verwendet, um Handlungen anzuzeigen, die gerade jetzt stattfinden.

Die Grundstruktur ist Verbstamm + 고 있다.
• 가다 → 가고 있다 (gerade gehen)

Wie man benutzt: es verwendet

Füge 고 있다 zum Verbstamm hinzu, um laufende Handlungen auszudrücken.

- 친구가 학교에 가고 있어요.

    (Der Freund geht gerade zur Schule.)
- 저는 버스를 기다리고 있어요.

    (Ich warte gerade auf den Bus.)

Beispiel

i. 남자가 슈퍼마켓에 가고 있어요.

ii. 여자가 지하철을 타고 있어요.

iii. 친구가 학교에서 공부하고 있어요.

iv. 저는 지금 혼자 밥을 먹고 있어요.

v. 가족이 집에서 쉬고 있어요.

IV. Übung

1. Vervollständige die Sätze mit den richtigen Zeitausdrücken.

i. 지금 몇 _____예요? (Wie spät ist es jetzt?)

ii. 저는 여덟 _____에 출발해요. (Ich breche um 8 Uhr auf.)

iii. 수업은 다섯 시 _____ 끝나요. (Der Unterricht endet um 5:30 Uhr.)

i. 회의는 세 시 _____에 있어요. (Die Besprechung ist um 3:15 Uhr.)

i. 점심은 열두 _____에 먹어요. (Das Mittagessen ist um 12 Uhr.)

2. Verbinde die Sätze in Spalte A mit den richtigen Antworten in Spalte B.

Spalte A

i. 몇 시예요?

ii. 다음주 월요일에 뭐 해요?

iii. 친구가 어디에 가고 있어요?

iv. 언제 슈퍼마켓에 가요?

v. 내년에는 어디에 갈 거예요?

Spalte B

a) 친구가 역에 가고 있어요.

b) 아침 8시예요.

c) 슈퍼마켓에 매일 가요.

d) 내년에 한국에 갈 거예요.

e) 다음주 월요일에는 회사에 가요.

3. Schau dir die Uhren und Kalender unten an und beantworte die Fragen auf Koreanisch.

i. 지금 몇 시예요? (Show 3:15)

ii. 다음 수요일은 언제예요? (Show next Wednesday's date)

iii. 오늘은 무슨 요일이에요? (Describe today as "Monday")

iv. 친구 생일이 5월 10일이에요. 내년 생일은 무슨 요일이에요?

v. 오늘은 금요일이에요. 내일은 무슨 요일이에요?

4. Wandle die folgenden Sätze in die Verlaufsform der Gegenwart um mit ~고 있다.

i. 저는 책을 읽어요. → _____.

ii. 친구가 영화를 봐요. → _____.

iii. 엄마가 요리를 해요. → _____.

iv. 아이가 방에서 놀아요. → _____.

v. 우리는 공원에서 산책해요. → _____.

5. Vervollständige jeden Satz mit dem richtigen Vokabelwort aus dem Wortkasten.

[기차, 가족, 일요일, 친구, 혼자]

i. 저는 _____과 여행을 가요.

ii. _____에는 보통 집에서 쉬어요.

iii. 미나는 _____(서) 저녁을 먹어요.

iv. 우리는 _____를 타고 부산에 가요.

v. 내일 _____를 만날 거예요.

Kapitel- 6

MENSCHEN BESCHREIBEN

I. Vokabeln

있다	Haben
없다	nicht haben
많다	viele sein
살다	leben
같이	zusammen
할아버지	Großvater
할머니	Großmutter
아버지	Vater
어머니	Mutter
나	ich
누나	ältere Schwester (wenn du männlich bist)
형	älterer Bruder (wenn du männlich bist)
부인	Ehefrau
언니	ältere Schwester (wenn du weiblich bist)
오빠	älterer Bruder (wenn du weiblich bist)
여동생	jüngere
남동생	Schwester
아들	jüngerer Bruder
딸	Sohn
남자 친구	Tochter
여자 친구	Freund Freundin

예쁘다	Hübsch
멋있다	cool
키가 크다	groß
키가 작다	klein
날씬하다	schlank
뚱뚱하다	dick
재미있다	lustig
친절하다	freundlich
똑똑하다	intelligent
활발하다	lebhaft
얌전하다	zurückhaltend
부지런하다	fleißig

Ausdrücke

가족이 몇 명이에요?	Wie viele Familienmitglieder hast du?
남자 친구/여자 친구가 있어요?	Hast du einen Freund/eine Freundin?
키가 몇이에요?	Wie groß bist du?
누구와 같이 살아요?	Mit wem lebst du zusammen?
정말 예쁘네요.	Du bist wirklich hübsch.
우리 가족은 다 친절해요.	Alle Mitglieder meiner Familie sind freundlich.

II. Konversation

A: 가족이 몇 명이에요?

B: 우리 가족은 네 명이에요.
아버지, 어머니, 형,
그리고 저예요.

A: 아버지는 어떤 분이세요?

B: 아버지는 키가 크고,
똑똑하세요.

A: 형은 어때요?

B: 형은 재미있고, 활발해요.

A: 어머니는요?

B: 어머니는 친절하시고,
요리를 잘하세요.

A: 정말 좋은 가족이네요!

Wie viele Familienmitglieder hast du?

Es gibt vier Personen in meiner Familie:
meinen Vater, meine Mutter, meinen
älteren Bruder und mich.

Was für eine Person ist dein Vater?

Mein Vater ist groß und
intelligent.

Wie ist dein älterer Bruder?

Mein älterer Bruder ist lustig und
lebhaft.

Was ist mit deiner Mutter?

Meine Mutter ist freundlich und kocht gut.

Du hast eine wirklich nette Familie!

III. Grammatik

1. N이/가 몇 명이에요?

Dieses Grammatikmuster wird verwendet, um nach der Anzahl von
Personen oder Dingen zu fragen. In diesem Kontext wird es oft verwendet,
um nach der Anzahl der Familienmitglieder zu fragen.

몇 bedeutet "wie viele" und wird vor dem

Substantiv verwendet. N이/가 wird verwendet, um das Subjekt des Satzes
zu markieren

Wie man benutzt N이/가 몇 명이에요? benutzt:

Hänge 이/가 an das Substantiv an, dann füge 몇 명이에요? hinzu, um nach der Anzahl der Personen zu fragen.

가족 + 이 → 가족이 몇 명이에요?

Wie viele Familienmitglieder hast du?

Beispiele

i. 친구가 몇 명이에요?
ii. 가족이 몇 명이에요?
iii. 학생이 몇 명이에요?
iv. 아이들이 몇 명이에요?
v. 직원이 몇 명이에요?

2. N은/는 어떤 분이세요?

Dieses Muster wird verwendet, um nach den Eigenschaften, dem Verhalten oder der Persönlichkeit einer Person zu fragen.

어떤 bedeutet "welche Art von" oder "wie"
분 ist ein ehrender Begriff für "Person"
은/는 wird verwendet, um das Subjekt zu betonen

Wie man benutzt N은/는 어떤 분이세요? benutzt:

Hänge 은/는 tan das Substantiv an, gefolgt von 어떤 분이세요? tum nach den Eigenschaften von jemandem zu fragen.

아버지 + 는 → 아버지는 어떤 분이세요?

(Was für eine Person ist dein Vater?)

Beispiele

i. 할아버지는 어떤 분이세요?
ii. 친구는 어떤 사람인가요?
iii. 선생님은 어떤 분이세요?
iv. 남자 친구는 어떤 분이세요?
v. 할머니는 어떤 분이세요?

3. N은/는 Adjektiv + 고, Adjektiv + 해요

Dieses Muster wird verwendet, um jemanden oder etwas mit mehreren Adjektiven in einem Satz zu beschreiben.

Die Konjunktion 고 wird verwendet, um zwei oder mehr Adjektive zu verbinden, ähnlich wie "und" im Deutschen.

은/는 betont das Substantiv, das beschrieben wird.

Wie man benutzt N은/는 Adjektiv + 고, Adjektiv + 하세요.

Hänge 은/는 an das Substantiv an, dann füge das erste adjektiv + 고, hinzu, gefolgt vom zweiten adjektiv+ 하세요.

형은 재미있고, 활발하세요.
Mein älterer Bruder ist lustig und lebhaft.

Beispiele

i. 어머니는 예쁘시고 친절하세요
ii. 친구는 똑똑하고 부지런하세요
iii. 아버지는 키가 크고 멋있으세요.
iv. 할머니는 조용하고 부지런하세요.
v. 여동생은 날씬하고 활발하세요.

IV. Übung

1. Lückentext

i. _____이 몇 명이에요? (Familie)

ii. _____가 몇 명이에요? (Freund)

iii._____이 몇 명 있어요? (jüngere Geschwister)

iv. 회사에 _____이 몇 명이에요? (Mitarbeiter)

v. 학교에 _____이 몇 명이에요? (Schüler)

2. Verwende die Adjektive, um die Sätze zu vervollständigen.

i. 어머니는 예쁘다 / 친절하다

어머니는 _____시고 _____하세요.

ii. 형은 키가 크다 / 멋있다

형은 _____고 _____요.

iii. 할머니는 부지런하다 / 조용하다

할머니는 _____고 _____하세요.

iv. 여동생은 날씬하다 / 활발하다

여동생은 _____고 _____하세요.

v. 아버지는 키가 크다 / 똑똑하다

아버지는 _____고 _____세요.

3. Vervollständige die Sätze mit der korrekten Grammatikform.

Beispiel: 할아버지: 부지런하다 / 친절하다

할아버지는 부지런하시고 친절하세요.

i. 형: 키가 크다 / 멋있다

_____

ii. 어머니: 예쁘다 / 요리를 잘하다

_____

iii. 여동생: 날씬하다 / 활발하다

_____

iv. 아버지: 키가 크다/ 똑똑하다

_____

4. Übersetze die folgenden Sätze mit den Grammatikmustern.

i. Wie viele Geschwister hast du?

ii. Meine Großmutter ist freundlich und fleißig.

iii. Ich habe zwei jüngere Schwestern.

iv. Mein Vater ist groß und intelligent.

v. Was für eine Person ist dein Bruder?

Hinweis: Übersetzungen können je nach Vokabular und Formulierung variieren. Wir haben mögliche Übersetzungen in den Antwortschlüsseln für jeden Fall aufgenommen, aber bedenke, dass auch andere Übersetzungen funktionieren könnten.

5. Lies den Absatz und beantworte die folgenden Fragen

지수의 가족은 다섯 명이에요. 아버지, 어머니, 할머니, 여동생, 그리고 지수예요. 아버지는 키가 크고 부지런하세요. 어머니는 예쁘시고 요리를 잘하세요. 할머니는 친절하고 얌전하세요. 여동생은 날씬하고 활발해요. 지수는 똑똑하고 재미있어요. 지수의 가족은 모두 서울에 같이 살아요.

i. 지수의 가족은 몇 명이에요?
a) 네 명
b) 다섯 명
c) 여섯 명

ii. 아버지는 어떤 분이세요?
a) 키가 작고 얌전하세요.
b) 키가 크고 부지런하세요.
c) 예쁘시고 요리를 잘하세요.

iii. 할머니는 어떤 분이세요?
a) 친절하시고 얌전하세요.
b) 재미있으시고 활발해요.
c) 똑똑하시고 날씬하세요.

iv. 지수의 여동생은 어떤 사람이에요?
a) 키가 크고 부지런해요.
b) 날씬하고 활발해요.
c) 예쁘고 요리를 잘해요.

v. 지수의 가족은 어디에 살아요?
a) 부산
b) 인천
c) 서울

Kapitel- 7

I. Vokabeln

먹다	essen
마시다	trinken
사다	kaufen
가다	kaufen
오다	kommen
보다	sehen/anschauen
읽다	lesen
쓰다	schreiben
만들다	machen
열다	öffnen
닫다	schließen
도와주다	helfen
기다리다	warten
앉다	sitzen
일어나다	aufstehen
청소하다	reinigen
전화하다	anrufen
주다	geben
듣다	hören
배우다	lernen
준비하다	vorbereiten
요리하다	kochen

음식	Essen
물	Wasser
책	Buch
창문	Fenster
문	Tür
선물	Geschenk
전화	Telefon
편지	Brief
방	Zimmer
차	Tee/Auto
밥	Reis/Mahlzeit
커피	Kaffee
공	Ball
옷	Kleidung
신발	Schuhe
가방	Tasche

Ausdrücke

잠깐만 기다려 주세요.	Bitte warten Sie einen Moment.
도와주세요.	Bitte helfen Sie mir.
다시 말해 주세요.	Bitte sagen Sie es noch einmal.
이거 사 주세요.	Bitte kaufen Sie das für mich.
창문을 열어 주세요.	Bitte öffnen Sie das Fenster.
물 좀 주세요.	Bitte geben Sie mir etwas Wasser.
잠시만요.	Einen Moment bitte.

II. Konversation

A: 어서 오세요!
Willkommen!

무엇을 도와드릴까요?
Wie kann ich Ihnen helfen?

B: 물 좀 주세요.
Bitte geben Sie mir etwas Wasser.

A: 네, 잠시만요.
Ja, einen Moment bitte.

B: 이 책도 읽어 주세요.
Bitte lesen Sie auch dieses Buch.

A: 알겠습니다.
Verstanden.

그리고 문을 닫아 주시겠어요? Und könnten

B: 네, 그렇게 할게요.
Sie bitte die Tür schließen?

A: 감사합니다!
Ja, das werde ich tun.

B: 천만에요.
Vielen Dank! Gern geschehen.

III. Grammatik

1. Höfliche Bitten: ~(으)세요

Diese Form wird verwendet, um höfliche Bitten oder Befehle auszudrücken.

~으세요 wird nach Verben verwendet, die mit einem Konsonanten enden.

~세요 wird nach Verben verwendet, die mit einem Vokal enden

Wie man benutzt ~(으)세요 benutzt:

Verbstamm + (으)세요.

Z.B: 먹다 → 먹으세요 (Bitte essen Sie).

가다 → 가세요 (Bitte gehen Sie).

Beispiele

i. 이거 보세요.

ii. 책을 읽으세요.

iii. 밥을 드세요.

iv. 창문을 여세요.

v. 여기 앉으세요.

2. Imperativform: ~아/어 주세요

Diese Form wird verwendet, um jemanden zu bitten, etwas für Sie zu tun, und zeigt eine persönlichere oder direktere Bitte an.

~아 주세요 wird verwendet, wenn der Verbstamm mit ㅏ oder ㅗ.

~어 주세요 wird für alle anderen Verbendungen verwendet.

Wie man benutzt ~아/어 주세요 benutzt:

Verbstamm + 아/어 주세요.

Z.B.: 사다 → 사 주세요 (Bitte kaufen Sie das für mich).

열다 → 열어 주세요 (Bitte öffnen Sie es für mich).

Beispiele

i. 물 좀 주세요.

ii. 이 책을 읽어 주세요.

iii. 도와주세요.

iv. 이거 만들어 주세요.

v. 문을 닫아 주세요.

3. Ehrenvolle Bitten: ~시겠어요?

Dies ist eine höfliche und formelle Art, Bitten zu äußern, die verwendet wird, um Respekt oder Ehrerbietung gegenüber der angesprochenen Person zu zeigen.
Der Verbstamm wird von 시겠어요 gefolgt, um jemanden respektvoll zu bitten, etwas zu tun.

Wie man benutzt ~시겠어요? benutzt:

Verbstamm + 시겠어요?

Z.B.: 도와주다 → 도와주시겠어요? (Könnten Sie mir helfen?)
앉다 → 앉으시겠어요? (Würden Sie sich bitte setzen?)

Beispiele

i. 이거 좀 열어주시겠어요?

ii. 저를 도와주시겠어요?

iii. 차를 준비해 주시겠어요?

iv. 방을 청소해 주시겠어요?

v. 잠시 기다려 주시겠어요?

IV. Übung

1. Vervollständige die Sätze mit der richtigen Form von ~(으)세요.

    i. 이 책을 _____ (읽다).

    ii. 물을 _____ (마시다).

    iii. 방을 _____ (청소하다).

    iv. 여기 _____ (오다).

    v. 이거 _____ (보내다).

2. Verbinde die Bitten in Spalte A mit den richtigen Aktionen in Spalte B.

Spalte A	Spalte B
i. 물 좀 _____	**a)** 도와
ii. 문을 _____ 주세요.	**b)** 준비해
iii. 저를 _____ 주세요.	**c)** 닫아
iv. 차를 _____ 주세요.	**d)** 써
v. 편지를 _____ 주세요.	**e)** 주세요

3. Formuliere höfliche Bitten (~시겠어요?)

i. 전화하다 → 전화해 주시겠어요?

ii. 기다리다 → _____ 주시겠어요?

iii. 앉다 → _____ 주시겠어요?

iv. 도와주다 → _____ 주시겠어요?

v. 열다 → _____ 주시겠어요?

4. Übersetze die folgenden Sätze ins Koreanische.

i. Please open the door.

ii. Could you help me, please?

iii. Would you please wait a moment?

iv. Please write this letter for me.

v. Please give me some coffee.

5. Ordne die Wörter, um korrekte Sätze mit höflichen Bittmustern zu bilden.

i. 주세요 / 물 / 좀 /

ii. 도와 / 주시겠어요 / 저를 / ?

iii. 창문 / 열어 / 주세요 / 을

iv. 앉으세요 / 여기 /

v. 기다려 / 주세요 / 잠깐만

Kapitel- 8

FRAGEN STELLEN

I. Vokabeln

말하다	sprechen/sagen oder reden
배우다	lernen
일하다	arbeiten
기다리다	warten
쉬다	ausruhen
시작하다	beginnen
끝나다	enden
주다	geben
타다	fahren
선택하다	wählen/auswählen
찾다	finden
결정하다	entscheiden
보내다	senden
받다	empfangen
잃어버리다	verlieren
도착하다	ankom
떠나다	abreisen
생각하다	denken
수업	class
시간	Zeit
장소	Ort

일	Arbeit
공항	Flughafen
길	Straße
기분	Stimmung
음식점	restaurant
영화관	Kino
병원	Krankenhaus/Klinik
주말	Wochenende
계획	plan
문제	problem
방법	Methode
약속	Versprechen/Termine
물건	Objekt/Sache
길	Straße/ weg
뭐/ 무엇	was
어디	wo
언제	wann
누구	wer
왜	warum
어떻게	wie
어떤	welche Art von

Ausdrücke

뭐 해요?   Was machst du?

어디 가요?   Wohin gehst du?

언제 만나요?   Wann treffen wir uns?

누구를 기다려요?   Auf wen wartest du?

어떤 음식을 좋아해요?   Welche Art von Essen magst du?

어떻게 가요?   Wie gehst du?

왜 그래요?   Warum ist das so?

II. Konversation

A: 어디에 가요?   A: Wohin gehst du?

B: 저는 병원에 가요.   B: Ich gehe ins Krankenhaus.

A: 왜 병원에 가요?   A: Warum gehst du ins Krankenhaus?

B: 몸이 아파서 병원에 가요.   B: Ich gehe ins Krankenhaus, weil ich krank bin.

A: 언제 도착할까요?   A: Wann werden wir ankommen?

B: 30분 후에 도착할 거예요.   B: Wir werden in 30 Minuten ankommen.

A: 어떤 음식을 먹을까요?   A: Welche Art von Essen sollen wir essen?

B: 한국 음식을 먹을까요?   B: Sollen wir koreanisches Essen essen?

A: 네, 좋아요!   A: Ja, klingt gut!

III. Grammatik

1. W-Fragen: 무엇/뭐, 어디, 언제, 누구

Diese Wörter werden verwendet, um offene Fragen auf Koreanisch zu bilden.

- 무엇/뭐 (Was): Wird verwendet, um nach Dingen oder Aktivitäten zu fragen.

- 어디 (Wo): Wird verwendet, um nach Orten oder Standorten zu fragen.

- 언제 (Wann): Wird verwendet, um nach der Zeit zu fragen.

- 누구/ 누가 (Wer): Wird verwendet, um nach Personen zu fragen.

Wie man benutzt 무엇/뭐, 어디, 언제, 누구 **benutzt:**

Stelle das W-Fragewort an den Anfang oder innerhalb des Satzes.

Z.B.: 뭐 해요? (Was machst du?)

어디에 가요? (Wohin gehst du?)

언제 와요? (Wann kommst du?)

누구와 같이 가요? (Mit wem gehst du?)

Beispiele

i.   지금 뭐 해요?

ii. 어디에서 일해요?

iii. 내일 언제 만나요?

iv. 누구를 기다려요?

2. Welche Art" Fragen: 어떤 (Welche Art von)

어떤 wird verwendet, um nach der Art oder Sorte von etwas zu fragen.
Es steht normalerweise vor dem Substantiv, das es beschreibt.

Wie man benutzt: benutzt:

어떤 + Substantiv + Verb?

Eg: 어떤 영화가 좋아요? (Welche Art von Film magst du?)

어떤 음식이 맛있어요? (Welche Art von Essen ist lecker?)

Beispiele

i. 어떤 음악을 들어요?

ii. 어떤 음식을 좋아해요?

iii.   어떤 일을 하고 싶어요?

iv.   어떤 색을 좋아해요?

3. Fragen bilden: Verb + 까요?

Dieses Muster wird verwendet, um Fragen auf eine beiläufige, aber höfliche Weise zu bilden. Es wird oft verwendet, um Vorschläge zu machen, um Bestätigung zu bitten oder die Absicht von jemandem zu überprüfen.

Hänge 까요? direkt an den Verbstamm an.

Wie man benutzt: benutzt:

Verbstamm + 까요?

Z.B.: 같이 갈까요? (Sollen wir zusammen gehen?)

뭐 먹을까요? (Was sollen wir essen?)

Beispiele

i. 언제 만날까요?

ii. 무엇을 볼까요?

iii. 어디에서 먹을까요?

iv. 커피 마실까요?

v. 지금 떠날까요?

IV. Übung

1. Fülle die Lücke aus (W-Fragen)

i. _____ 해요?

ii. _____ 가요?

iii. 내일 _____ 만나요?

iv._____를 기다려요?

v. _____ 음식을 좋아해요?

vi. 시험은 _____ 시작해요?

2. Verbinde die Fragen in Spalte A mit den richtigen Antworten in Spalte B.

Spalte A	Spalte B
i. 어떤 음악을 좋아해요?	a) 저는 액션 영화를 보고 싶어요.
ii. 어떤 영화를 보고 싶어요?	b) 저는 클래식 음악을 좋아해요.
iii. 어떤 음식을 먹을까요?	c) 저는 한국 음식을 먹고 싶어요.
iv. 어떤 일을 하고 싶어요?	d) 저는 선생님이 되고 싶어요.

3. Bilde Fragen unter Verwendung der angegebenen Wörter und Grammatikmuster.

     Z.B.: (뭐, 하다, 지금) → 지금 뭐 해요?

   i. (뭐, 먹다, 지금) → _____?

   ii. (누구, 전화하다, 지금) → _____?

   iii. (어디, 일하다, 친구) → _____?

   iv. (언제, 도착하다, 버스) → _____?

   v. (왜, 늦다, 오늘) → _____?

4. Bilde Sätze mit dem Verb + 까요? Muster, um eine Handlung vorzuschlagen oder nach Meinungen zu fragen.

     Z.B.: (커피, 마시다) → 커피를 마실까요?

   i. (영화, 보다) → _____?

   ii. (밥, 먹다, 지금) → _____?

   iii. (산책, 가다, 주말) → _____?

   iv. (어디, 가다, 내일) → _____?

   v. (커피, 마시다, 같이) → _____?

5. Fülle die Lücken mit den richtigen Vokabeln aus der Wortbank.

> 말하다, 주다, 일하다, 배우다, 받다, 끝나다, 타다, 보내다

   i. 저는 한국어를 _____ 있어요.

   ii. 오늘 수업은 3시에 _____.

   iii. 그는 친구에게 선물을 _____.

   iv. 버스를 _____ 가요.

   v. 편지를 _____ 주세요.

Kapitel- 9

VORLIEBEN UND ABNEIGUNGEN

I. Vokabeln

영화	film
여행	Reise/Reisen
음악	Musik
춤	Tanz
그림	Gemälde/Zeichnung
운동	Übung/Sport
축구	Fußball
책	Buch
편지	Brief
연극	Theaterstück/Drama
음식	Essen
빵	Brot
커피	Kaffee
차	Tee
산책	Spaziergang
사진	Foto/Bild
동물	Tier
날씨	Wetter
집	Haus
꽃	Blume
바다	Meer

산	Berg
강	Fluss
학교	Schule
시장	Markt
공원	Park
음식점	Restaurant
도서관	Bibliothek
기차	Zug
버스	Bus
텔레비전	Fernsehen
뉴스	Nachrichten
아침/아침 식사	Frühstück
저녁/저녁 식사	Abendessen
점심/점심 식사	Mittagessen
먹다	essen/eine Mahlzeit haben
마시다	trinken
가다	gehen
보다	sehen/anschauen
읽다	lesen
듣다	hören
만나다	to treffen

배우다	lernen
찍다	aufnehmen (ein Foto)
쉬다	ausruhen
걷다	gehen

Ausdrücke

저는 빵을 먹고 싶어요.	Ich möchte Brot essen.
이 영화를 보고 싶어요.	Ich möchte diesen Film sehen.
저는 커피를 좋아해요.	Ich mag Kaffee.
그녀는 춤을 싫어해요.	Sie mag Tanzen nicht.
무엇을 먹고 싶어요?	Was möchtest du essen?
어디에 가고 싶어요?	Wohin möchtest du gehen?

II. Konversation

A: 뭐 하고 싶어요?	Was möchtest du tun?
B: 저는 영화를 보고 싶어요.	Ich möchte einen Film sehen.
A: 어떤 영화를 보고 싶어요?	Welche Art von Film möchtest du sehen?
B: 코미디 영화를 보고 싶어요.	Ich möchte einen Komödienfilm sehen.
A: 저는 코미디 영화를 싫어해요.	Ich mag keine Komödienfilme.
B: 그럼, 음악을 들을까요?	Dann, sollen wir Musik hören?
A: 네, 저는 음악을 좋아해요.	Ja, ich mag Musik.

III. Grammatik

1. Verb + ~고 싶다 (Etwas tun wollen...)

Dieses Muster wird verwendet, um den Wunsch auszudrücken, etwas zu tun. Es wird gebildet, indem man ~고 싶다 an den Verbstamm anhängt.

Wie man benutzt:

Verbstamm + ~고 싶다.

K.B.: • 가다 → 가고 싶다 (gehen wollen).

• 보다 → 보고 싶다 (sehen/anschauen wollen).

Beispiele

i. 저는 영화를 보고 싶어요.

ii. 커피를 마시고 싶어요.

iii. 오늘은 쉬고 싶어요.

iv. 산책하고 싶어요.

v. 저녁을 먹고 싶어요.

2. Verb + ~을/를 좋아하다 (Mögen)

Dieses Muster wird verwendet, um auszudrücken, dass man etwas mag. 좋아하다 wird nach der Objektpartikel 을/를, verwendet, abhängig davon, ob das Substantiv mit einem Konsonanten oder einem Vokal endet.

Wie man benutzt:

Substantiv + 을/를 좋아하다.

K.B.: • 책 → 책을 좋아하다 (Bücher mögen).

• 영화 → 영화를 좋아하다 (Filme mögen).

Beispiele

i. 저는 축구를 좋아해요.

ii. 그녀는 음악을 좋아해요.

iii. 친구는 커피를 좋아해요.

iv. 저는 동물을 좋아해요.

v. 우리는 빵을 좋아해요.

3. Verb + ~을/를 싫어하다 (Nicht mögen)

Dieses Muster wird verwendet, um auszudrücken, dass man etwas nicht mag. 싫어하다 wird ähnlich wie 좋아하다, verwendet, nach der Objektpartikel 을/를.

Wie man benutzt:

Substantiv + 을/를 싫어하다.

Z.B.: • 책 → 책을 싫어하다 (Bücher nicht mögen).

  • 영화 → 영화를 싫어하다 (Filme nicht mögen).

Beispiele

i. 저는 춤을 싫어해요.

ii. 그녀는 운동을 싫어해요.

iii. 그는 야채를 싫어해요.

iv. 아이는 병원을 싫어해요.

v. 저는 기차를 싫어해요.

IV. Übung

1. Vervollständige die Sätze mit der ~고 싶다 form.

i. 저는 커피를 _____ 싶어요.

ii. 오늘 산책을 _____ 싶어요.

iii. 친구를 _____ 싶어요.

iv. 편지를 _____ 싶어요.

v. 빵을 _____ 싶어요.

2. Verbinde die Sätze in Spalte A mit den passenden Antworten in Spalte B.

Spalte A	Spalte B
i. 저는 커피를 좋아해요.	a) He likes animals.
ii. 그녀는 책을 좋아해요.	b) I like coffee.
iii. 그는 동물을 좋아해요.	c) She likes books.
iv. 우리는 축구를 좋아해요.	d) The child likes bread.
v. 아이는 빵을 좋아해요.	e) We like soccer.

3. Fülle die Lücken aus (Gemischte Muster)

i. 저는 차를 _____ 싶어요. (Ich möchte Tee trinken.)

ii. 그녀는 영화를 _____. (Sie mag Filme.)

iii. 그는 빵을 _____. (Er mag kein Brot.)

iv. 우리는 음악을 _____. (Wir mögen Musik.)

v. 아이들은 시장에 _____ 싶어요. (Kinder möchten zum Markt gehen).

4. Übersetze die folgenden englischen Sätze ins Koreanische unter Verwendung der richtigen Grammatikmuster.

    i. Ich möchte in den Park gehen.

    ii. Sie trinkt gerne Tee.

    iii. Er mag es nicht zu trainieren.

    iv. Möchtest du fernsehen?

    v. Ich lese gerne Bücher.

5. Beantworte mit "Ja" (네) oder "Nein" (아니요) basierend auf deinen Vorlieben.

    i. 축구를 좋아해요?

    ii. 커피를 싫어해요?

    iii. 산에 가고 싶어요?

    iv. 책을 읽고 싶어요?

    v. 동물을 좋아해요?

    vi. 시장에 가고 싶어요?

    vii. 바다를 싫어해요?

Kapitel- 10
FÄHIGKEITEN UND ABSICHTEN

I. Vocabulary

운전	Fahren
수영	Schwimmen
요가	Yoga
요리	Kochen
청소	Reinigen
달리기	Laufen
등산	Wandern
자전거 타기	Radfahren
악기 연주	ein Instrument spielen
노래	Singen
춤추기	Tanzen
쇼핑	Einkaufen
낚시	Angeln
야구	Baseball
농구	Basketball
테니스	Tennis
배드민턴	Badminton
조깅	Joggen
축구	Fußball
여행	Reisen/Ausflug

캠핑	Camping
말하기	Sprechen
듣기	Hören
쓰레기 버리기	Müll wegbringen
설거지	Geschirr spülen
빨래하기	Wäsche waschen
그림 그리기	Zeichnen/Malen
사진 찍기	Fotos machen
책 읽기	Buch lesen
영화 보기	Film anschauen
방문	Besuch
산책	Spaziergang

Ausdrücke

할 수 있어요	Kann tun
할 수 없어요	Kann tun
하려고 해요	Plane/beabsichtige zu tun
하는 것	Tun (Substantivform von Verben)
좋아해요	Mag (nach Substantiven verwendet)
싫어해요	Mag nicht (nach Substantiven verwendet)
잘 할 수 있어요	Kann gut tun
배우려고 해요	Plane zu lernen

II. Konversation

A: 무슨 운동을 할 수 있어요?   Welchen Sport kannst du machen?

B: 저는 축구를 할 수 있어요.   Ich kann Fußball spielen.

A: 요리할 수 있어요?   Kannst du kochen?

B: 아니요, 요리를 잘 할 수 없어요.   Nein, ich kann nicht gut kochen.

그런데 배우려고 해요.   Aber ich plane, es zu lernen.

A: 자전거 타는 것은 어때요?   Wie ist es mit Radfahren?

B: 자전거 타는 것을 좋아해요!   Ich mag Radfahren!

III. Grammatik

1. Verb + (으)ㄹ 수 있다/없다: Kann/Kann nicht tun

Dieses Muster wird verwendet, um die Fähigkeit oder Unfähigkeit auszudrücken, etwas zu tun.

- (으)ㄹ 수 있다: Kann tun.

- ~(으)ㄹ 수 없다: Kann nicht tun.

- Verwende (으)ㄹ nach Verbstämmen, die mit einem Konsonanten enden (außer ㄹ), und ㄹ nach Verbstämmen, die mit einem Vokal enden oder mit ㄹ enden.

Wie man benutzt:

Verbstamm + (으)ㄹ 수 있다/없다.

K.B.:
- 수영하다 → 수영할 수 있다 (kann schwimmen).
- 요리하다 → 요리할 수 없다 (kann nicht kochen).

Beispiele

i. 저는 수영할 수 있어요.

ii. 요리를 잘 할 수 있어요.

iii. 운전을 할 수 없어요.

iv. 저는 달리기를 할 수 없어요.

v. 악기를 연주할 수 있어요.

2. Verb + (으)ㄴ/는 것: Verben in Substantive umwandeln

Dieses Muster verwandelt Verben in Substantive, wodurch Handlungen als Subjekte oder Objekte in einem Satz verwendet werden können.

- Verbstamm + (으)ㄴ/는 것 bedeutet "etwas tun" oder "der Akt des Tuns."
- Verwende (으)ㄴ 것 für vergangene Handlungen und 는 것 für gegenwärtige Handlungen.

Wie man benutzt:

Verbstamm + (으)ㄴ/는 것.

K.B.: • 요리하다 → 요리하는 것 (Kochen).

      • 운전하다 → 운전하는 것 (Fahren).

Beispiele

i. 요리하는 것은 재미있어요.

ii. 수영하는 것을 좋아해요.

iii. 산책하는 것은 건강에 좋아요.

iv. 그림 그리는 것은 어려워요.

v. 자전거 타는 것을 즐겨요.

3. Verb + (으)려고 하다: **Absicht etwas zu tun ausdrücken**

Dieses Muster wird verwendet, um die Absicht oder den Plan auszudrücken, etwas zu tun.

- Verwende (으)려고 하다 nach dem Verbstamm.
- Verwende 으려고 wenn der Verbstamm mit einem Konsonanten endet, und 려고 wenn er mit einem Vokal endet.

Wie man benutzt:

Verbstamm + (으)려고 하다

Z.B.: • 운전하다 → 운전하려고 하다 (beabsichtigen zu fahren).

   • 수영하다 → 수영하려고 하다 (beabsichtigen zu schwimmen).

Beispiele

i. 저는 수영을 배우려고 해요.

ii. 요리를 하려고 해요.

iii. 오늘 쇼핑하려고 해요.

iv. 악기를 연주하려고 해요.

v. 산책을 하려고 해요.

IV. Übung

1. Verwende die Aufforderungen, um Sätze zu erstellen, die deine Fähigkeiten, Absichten oder Meinungen ausdrücken.

   K.B.: 할 수 있어요: 저는 수영할 수 있어요.

   i. 하려고 해요

   ii. 좋아해요

   iii. 중요해요

   iv. 재미없어요

2. Verbinde die koreanischen Phrasen in Spalte A mit ihren entsprechenden Bedeutungen in Spalte B.

Spalte A	Spalte B
i. 할 수 있어요	a) Plane zu lernen
ii. 배우려고 해요	b) Schwierig
iii. 어려워요	c) Kann tun
iv. 좋아해요	d) Nicht lustig
v. 재미없어요	e) Wichtig
vi. 할 수 없어요	f) Gut für die Gesundheit
vii. 건강에 좋아요	g) Kann nicht tun
viii. 중요해요	h) Mag
ix. 즐겨요	i) Nicht einfach
x. 쉽지 않아요	j) Genießt

3. Verwandle die folgenden Verben in Substantive mit (으)ㄴ/는 것.

Z.B.: 좋아하다 → 좋아하는 것

i. 청소하다 → _____

ii. 조깅하다 → _____

iii. 책 읽다 → _____

iv. 그림 그리다 → _____

v. 달리기 → _____

4. Lies den Absatz und vervollständige ihn, indem du die Lücken mit den passenden Ausdrücken aus der Liste füllst.

> 할 수 있어요, 좋아해요, 하려고 해요,
> 중요해요, 즐겨요, 중요해요

저는 운동하는 것 아주 **i.)** _____. 그래서 매일 아침에 조깅을 합니다. 조깅은 건강에 **ii.)** _____ 그리고 재미있어요. 주말에는 친구들과 축구를 합니다. 축구하는 것은 조금 힘들지만, 저는 정말 **iii.)** _____. 요즘 저는 수영을 배우려고 합니다. 수영은 처음에 어렵지만 연습하면 잘 **iv.)** _____. 또한, 요리하는 것을 배우고 싶어요. 요리는 건강을 위해서 아주 **v.)** _____. 앞으로 더 많은 요리를 **vi.)** _____.

5. Übersetze die folgenden Sätze ins Koreanische unter Verwendung des richtigen Grammatikmusters

   i. Ich genieße das Radfahren.

   ii. Kochen ist wichtig.

   iii. Fußball spielen macht Spaß.

   iv. Ich plane, schwimmen zu lernen.

   v. Yoga ist nicht einfach.

Kapitel- 11
ÜBER DIE VERGANGENHEIT SPRECHEN

I. Vocabulary

여행	Reise/Reisen
졸업	Abschluss
결혼식	Hochzeit
생일 파티	Geburtstagsfeier
기념일	Jahrestag
휴가	Urlaub
방학	Schulferien
소풍	Picknick
운동회	Sportveranstaltung
축제	festival
회의	Treffen
콘서트	Konzert
전시회	Ausstellung
영화 관람	Filmvorführung
음식 축제	Essens-Festival
문화 체험	Kulturelles Erlebnis
봉사 활동	Freiwilligenarbeit
취업	Arbeit bekommen
입학	Eintritt in die Schule
이사	Umzug
방문	Besuch

입원	Krankenhausaufenthalt
퇴원	Entlassung aus dem Krankenhaus
독서	Lesen
공연	Aufführung
대화	Gespräch
토론	Diskussion
사진 전시회	Fotoausstellung
대회	Wettbewerb
발표	Präsentation
일기	Tagebuch
소식/뉴스	Nachrichten
편지 작성	Brief schreiben

Ausdrücke

가 본 적 있어요	Have been to
해 본 적 있어요	Have tried
먹어 본 적 있어요	Have eaten
봤어요	Saw/Watched
만났어요	Met
갔어요	Went
했어요	Did
소식	Heard

II. Konversation

A: 주말에 뭐 했어요?　　　　　Was hast du am Wochenende gemacht?

B: 저는 친구와 함께　　　　　Ich bin mit einem Freund zum

소풍을 갔어요.　　　　　　　Picknick gegangen

A: 어디로 갔어요?　　　　　　Wohin bist du gegangen?

B: 서울 공원에 갔어요.　　　　Ich bin zum Seoul Park gegangen.

김밥을 먹어 본 적 있어요?　　Hast du schon einmal Kimbap gegessen?

A: 네, 먹어 본 적 있어요.　　　Ja, ich habe es schon einmal gegessen.

정말 맛있었어요!　　　　　　Es war wirklich lecker!

B: 저도 그렇게 생각해요.　　　Ich denke auch so.

III. Grammatik

1. Vergangenheitsform: ~았/었

Dieses Muster wird verwendet, um vergangene Handlungen oder Ereignisse auszudrücken.

- ~았 wird für Verbstämme verwendet, die auf ㅏ oder ㅗ enden.
- ~었 wird für andere Verbendungen verwendet.

Wie man benutzt

Verbstamm + 았/었.

Z.B.: • 가다 → 갔어요 (ging),

　　　• 먹다 → 먹었어요 (aß).

Beispiele

i. 저는 어제 영화를 봤어요.

ii. 친구를 만났어요.

iii. 서울에 갔어요.

iv. 점심을 먹었어요.

v. 책을 읽었어요.

2. Vergangene Handlungen ausdrücken: ~했어요

Dieses Muster wird verwendet, um vergangene Handlungen zu beschreiben, die abgeschlossen wurden, oft mit 하다 Verben verwendet.

Wie man benutzt

Verbstamm + 했어요

Z.B.: • 공부하다 → 공부했어요 (studied),

　　　• 운동하다 → 운동했어요 (exercised)

Beispiele

i. 저는 어제 운동했어요.

ii. 친구와 이야기했어요.

iii. 한국 음식을 요리했어요.

iv. 지난 주에 여행했어요.

v. 주말에 청소했어요.

3. Erfahrungen erzählen: ~본 적 있다 (Habe etwas gemacht)

Dieses Muster wird verwendet, um Erfahrungen zu erzählen, die mindestens einmal in der Vergangenheit stattgefunden haben

Hänge 본 적 있다 nach dem Verbstamm an, um auszudrücken, dass man etwas zuvor gemacht hat.

Wie man benutzt

Verbstamm + 본 적 있다

Z.B.:• 먹다 → 먹어 본 적 있다 (have eaten),

　　• 가다 → 가 본 적 있다 (have been)

Beispiele

i. 일본에 가 본 적 있어요.

ii. 김치를 먹어 본 적 있어요.

iii. 　그 영화를 본 적 있어요.

iv. 　피아노를 쳐 본 적 있어요.

v. 자전거를 타 본 적 있어요.

4. "Vorher" verwenden: ~전에

~전에 wird verwendet, um anzuzeigen, dass eine Handlung oder ein Ereignis vor einer anderen Handlung oder einem bestimmten Zeitpunkt stattgefunden hat. Es betont die zeitliche Abfolge und zeigt, was der referenzierten Handlung oder dem Moment vorausging.

Wie man benutzt

Verbstamm + 기 전에 (bevor man etwas tut)

Z.B.:• 먹다 → 먹기 전에 (vor dem Essen),

　　• 가다 → 가기 전에 (vor dem Gehen).

Beispiele

i. 학교에 가기 전에 아침을 먹었어요.

ii. 영화를 보기 전에 예매했어요.

iii. 운동하기 전에 물을 마셨어요.

iv. 일을 시작하기 전에 계획을 세웠어요.

v. 친구를 만나기 전에 선물을 샀어요.

IV. Übung

1. **Wandle die folgenden Verben in die korrekte Vergangenheitsform um, basierend auf dem Kontext.**

i. 어제 친구를 (만나다) → _____.

ii. 주말에 가족과 (산책하다) → _____.

iii. 지난달에 새로운 집으로 (이사하다) → _____.

iv. 지난밤에 영화를 (보다) → _____.

v. 아침에 신문을 (읽다) → _____.

2. **Wandle die folgenden Verben in ~본 적 있다 um, um Erfahrungen zu beschreiben.**

i. 여행하다 → _____

ii. 김치를 먹다 → _____

iii. 일본에 가다 → _____

iv. 피아노를 치다 → _____

v. 자전거를 타다 → _____

3. Ordne die Wörter, um korrekte Sätze in der Vergangenheitsform zu bilden.

i. 갔어요 / 저는 / 서울에 / 어제

ii. 봤어요 / 영화를 / 지난밤에 / 친구와

iii. 만났어요 / 주말에 / 친구를 / 저는

iv. 어제 / 요리했어요 / 저녁을 / 저는

v. 읽었어요 / 책을 / 저는 / 아침에

4. Verbinde die Satzfragmente in Spalte A mit den richtigen Endungen in Spalte B.

Spalte A	Spalte B
i. 저는 지난주에 제주도에	a) 영화를 봤어요.
ii. 어제 친구와 카페에서	b) 이사를 했어요.
iii. 작년에 새 아파트로	c) 여행을 갔어요.
iv. 지난밤에 집에서	d) 운동했어요.
v. 아침에 공원에서	e) 만났어요.

5. Lies den folgenden Absatz und fülle die Lücken mit den passenden Vergangenheitsformen, Ausdrücken oder Phrasen aus der Wortbank.

> 갔어요, 봤어요, 읽었어요, 먹어 본 적 있어요,
> 여행했어요, 전시회에서, 전에

지난주에 저는 친구와 함께 서울로 i.) _____. 우리는 서울에서 서울에 있는 유명한 미술 ii.) _____ 많은 그림을 보았습니다. 저는 그중에서 추상화를 특히 좋아했어요. 그 후에 우리는 근처의 한국 음식점에 갔어요. 거기서 김치를 iii.) _____. 저는 김치를 여러 번 iv.) _____ 그래서 매운 맛에 익숙해요. 저녁에는 호텔로 돌아와서 책을 v.) _____. 그리고 자기 vi.) _____ 친구와 함께 그날의 일에 대해 이야기했어요.

Kapitel- 12

ZUKUNFTSPLÄNE UND MÖGLICHKEITEN

I. Vokabeln

계획	plan
미래	Zukunft
다음 주	nächste Woche
다음 달	nächster Monat
내년	nächstes Jahr
약속	Termin/Versprechen
여행	Reise/Reisen
결혼	Hochzeit
생일 파티	Geburtstagsfeier
행사	Veranstaltung
면접	Vorstellungsgespräch
대학 입학	Universitätszulassung
시험	Prüfung
시작	Beginn
준비	Vorbereitung
이사	Umzug
졸업식	Abschlussfeier
기대	Erwartung
공연	Aufführung
방문	Besuch
축제	festival

쇼핑	Einkaufen
데이트	Date
공부	Studieren
운동	Training
취업	Beschäftigung
진학	Fortschritt in der Schule
전시회	Ausstellung
콘서트	Konzert
작업	Arbeit
산책	Spaziergang

Ausdrücke

배울 거예요	Werde lernen
들릴 것 같아요	Werde wahrscheinlich hören
올 것 같아요	Werde wahrscheinlich kommen
시작하려고 해요	Plane zu beginnen
이사하려고 해요	Plane umzuziehen
기다릴 것 같아요	Werde wahrscheinlich warten
준비하려고 해요	Plane vorzubereiten
취업할 거예요	Werde einen Job bekommen
기대하고 있어요	Freue mich darauf
만날 거예요	Werde treffen
생각 중이에요	Denke darüber nach

II. Konversation

A: 주말에 뭐 할 거예요?　　　　Was wirst du am Wochenende machen?
B: 저는 가족과 함께　　　　　　Ich werde mit meiner Familie verreisen.
여행 갈 거예요.　　　　　　　　Wohin wirst du gehen?
A: 어디로 갈 거예요?　　　　　Wahrscheinlich werde ich nach
B: 아마 제주도에 갈 것 같아요.　Jeju Island gehen.
A: 저는 집에서 쉬려고 해요.　　Ich plane, zu Hause auszuruhen.
B: 그럼, 나중에 같이　　　　　Dann, sollen wir uns später treffen
만나서 저녁 먹을까요?　　　　　und zu Abend essen?
A: 네, 좋아요.　　　　　　　　Ja, klingt gut.

III. Grammatik

1. Futur: ~르/을 거예요

Wird verwendet, um Handlungen auszudrücken, die in der Zukunft

stattfinden werden.

- Hänge ~르 거예요 an Verbstämme an, die mit einem Vokal enden.

- Hänge ~을 거예요 an Verbstämme an, die mit einem Konsonanten

Wie man benutzt　　　　　　　　　　　　　　　enden.

Verbstamm + ~르/을 거예요.

Z.B.: • 가다 → 갈 거예요 (werde gehen),

　　　　• 먹다 → 먹을 거예요 (werde essen).

Beispiele

i. 저는 내일 서울에 갈 거예요.
ii. 우리는 저녁에 영화를 볼 거예요.
iii.　그는 다음 달에 졸업할 거예요.
iv.　친구를 만날 거예요.
v. 한국어를 배울 거예요.

2. Pläne und Absichten: ~려고 하다

Used to express plans or intentions to do something.

- Attach ~려고 하다 after the verb stem to indicate intention.

Wie man benutzt

Verbstamm + ~려고 하다.

Z.B.:
- 요리하다 → 요리하려고 하다 (Plane zu kochen),
- 여행하다 → 여행하려고 하다 (Plane zu reisen).

Beispiele

i. 저는 다음 주에 이사하려고 해요.
ii. 친구와 같이 여행하려고 해요.
iii. 한국어를 더 열심히 배우려고 해요
iv. 새로운 직업을 찾으려고 해요.
v. 내년에 대학에 가려고 해요.

3. Wahrscheinlichkeit ausdrücken: ~ㄹ/을 것 같다

Wird verwendet, um die Wahrscheinlichkeit oder Möglichkeit auszudrücken, dass etwas geschieht

- Hänge ~ㄹ 것 같다 an Verbstämme an, die mit einem Vokal enden.
- Hänge ~을 것 같다 an Verbstämme an, die mit einem Konsonanten enden.

Wie man benutzt

Verbstamm + ~ㄹ/을 것 같다.

Z.B.:
- 가다 → 갈 것 같다 (werde wahrscheinlich gehen),
- 오다 → 올 것 같다 (werde wahrscheinlich kommen).

Beispiele

i. 내일 비가 올 것 같아요.

ii. 그는 시험에 합격할 것 같아요.

iii. 이번 주말에 바빠질 것 같아요.

iv. 새로운 영화를 볼 것 같아요.

v. 그녀가 파티에 올 것 같아요.

4. "Vielleicht" verwenden: 아마 ~ㄹ/을 거예요

아마 wird verwendet, um Unsicherheit oder Möglichkeit über zukünftig

Ereignisse auszudrücken.

- Kombiniere es mit der Futurform ~ㄹ/을 거예요.

Wie man benutzt

아마 + **Verbstamm** + ~ㄹ/을 거예요.

K.B.: • 가다 → 아마 갈 거예요 (vielleicht werde ich gehen).

Beispiele

i. 아마 내일 비가 올 거예요.

ii. 아마 그가 이길 거예요.

iii. 아마 우리는 늦을 거예요.

iv. 아마 새 차를 살 거예요.

v. 아마 주말에 만날 거예요.

IV. Übung

1. Vervollständige jeden Satz mit der Form ~르/을 거예요.

i. 저는 내년에 대학에 _____. (eintreten)

ii. 친구와 같이 영화를 _____. (anschauen)

iii. 우리는 내일 서울로 _____. (gehen)

iv. 주말에 새로운 책을 _____. (lesen)

v. 그는 다음 달에 이사를 _____. (umziehen)

2. Wandle die folgenden Verben um, um Pläne oder Absichten mit ~려고 하다 auszudrücken.

i. 공부하다 → _____

ii. 요리하다 → _____

iii. 이사하다 → _____

iv. 여행하다 → _____

v. 만나다 → _____

3. Vervollständige die Sätze (mit ~르 것 같다)

Z.B.: 오늘 날씨가 <u>맑을 것 같아요.</u>

i. 우리는 내일 일찍 _____. (abreisen)

ii. 그녀가 시험에 _____. (bestehen)

iii. 이번 주말에 비가 _____. (regnen)

iv. 저녁에 친구를 _____. (treffen)

4. Erstelle mit den Anweisungen Sätze, die zukünftige Pläne oder Wahrscheinlichkeiten beschreiben.

    Z.B.: (내년, 가다, 여행) → <u>내년에 여행을 갈 거예요.</u>

    i. (아침, 하다, 운동) → _____

    ii. (이번 주말, 만나다, 친구) → _____

    iii.(오늘 저녁. 먹다, 비빔밥) → _____

    iv.(다음 주, 준비하다, 시험) → _____

    v. (주말, 보다, 영화) → _____

5. Übersetze die folgenden Sätze ins Koreanische unter Verwendung der korrekten Grammatikmuster.

    i. Ich werde nächsten Monat anfangen zu lernen.

    ii. Wir werden wahrscheinlich dieses Wochenende zum Festival gehen.

    iii.Ich plane, nächstes Jahr nach Seoul umzuziehen.

    iv. Vielleicht werde ich morgen meinen Freund besuchen.

    v. Sie wird wahrscheinlich im Juni ihren Abschluss machen

Kapitel- 13

VERGLEICHE

I. Vocabulary

키	Größe/Höhe
무게	Gewicht
가격	Preis
속도	Geschwindigkeit
온도	Temperatur
길이	Länge
맛	Geschmack
크기	Größe
외모	Aussehen
성격	Persönlichkeit
경험	Erfahrung
지식	Wissen
성능	Leistung
건강	Gesundheit
효율	Effizienz
운동	Übung
장점	Vorteil
단점	Nachteil
기분	Stimmung
기억	Erinnerung

지혜	Weisheit
미래	Zukunft
성공	Erfolg
실패	Misserfolg
기회	Gelegenheit
사람	Person
직업	Beruf
음식	Essen
옷	Kleidung
집	Haus
차	Auto
여행	Reise
날씨	Wetter

Ausdrücke

가장 비싸요	am teuersten
이것보다 더 좋아요	besser als dies
저것보다 더 나빠요	schlechter als das
더 맛있어요	schmackhafter
더 예뻐요	hübscher
더 건강해요	gesünder
이 사람보다 더 똑똑해요	klüger als diese Person
이 차가 가장 빨라요	dieses Auto ist am schnellsten
이 음식이 가장 맛있어요	dieses Essen ist am köstlichsten

II. Konversation

A: 어떤 차가 더 빨라요?

B: 이 차가 저 차보다 더 빨라요.

A: 그렇군요. 그럼,

가장 비싼 차는 뭐예요?

B: 이 차가 가장 비싸요.

A: 나는 자전거보다

차를 더 좋아해요.

B: 나도 그래요.

Welches Auto ist schneller?

Dieses Auto ist schneller als jenes Auto.

Ich verstehe. Welches ist dann

das teuerste Auto?

Dieses Auto ist am teuersten

Ich mag Autos mehr als

Fahrräder.

Ich auch

III. Grammatik

1. Comparatives: ~보다 더 (Als)

~보다 더 wird verwendet, um Vergleiche anzustellen und anzuzeigen, dass eine Sache mehr ist als eine andere.

- Verwende ~보다 더 um "mehr als" auszudrücken.

Wie man benutzt

Substantiv + 보다 더 + Adjektiv.

Z.B.• 이 차는 저 차보다 더 빨라요 (Dieses Auto ist schneller als jenes Auto).

Beispiele

i. 이 집이 저 집보다 더 커요.

ii. 이 음식이 저 음식보다 더 맛있어요.

iii. 오늘이 어제보다 더 따뜻해요.

iv. 이 책이 저 책보다 더 재미있어요.

2. Superlative: 가장 ~ (Am meisten)

가장 ~ wird verwendet, um den Superlativ auszudrücken, was "am meisten" oder "am besten" bedeutet.

- Füge 가장 vor Adjektiven hinzu.

Wie man benutzt

가장 + **Adjektiv.**

Z.B.이 음식이 가장 맛있어요 (Dieses Essen ist am köstlichsten).

Beispiele

i. 이 차가 가장 빨라요.

ii. 이 음식이 가장 비싸요.

iii. 그는 우리 중에서 가장 똑똑해요.

iv. 이 책이 가장 재미있어요.

v. 봄이 가장 좋아요.

3. Präferenzen ausdrücken: ~보다 (Als)

Verwende ~보다 um eine Präferenz oder einen Vergleich anzugeben.

- Es wird verwendet, um zwei Dinge direkt zu vergleichen.

Wie man benutzt

Substantiv + 보다 + Adjektiv.

Z.B.: • 저는 커피보다 차를 더 좋아해요 (Ich bevorzuge Tee gegenüber

Kaffee).

Beispiele

i.　　저는 자전거보다 자동차를 더 좋아해요.

ii.　　그는 일보다 휴식을 더 원해요.

iii.　　저는 이 옷이 저 옷보다 더 예뻐요.

iv.　　저는 맥주보다 와인을 더 좋아해요.

v.　　저는 이 영화가 저 영화보다 더 재미있어요.

4. "Am wenigsten" verwenden: 덜/가장 덜 (Weniger/Am wenigsten)

덜/가장 덜~ (Weniger/Am wenigsten) wird verwendet, um das Gegenteil des

Superlativs auszudrücken, was "weniger" oder "am wenigsten" bedeutet.

Wie man benutzt

덜/가장 덜~ (Weniger/Am wenigsten) **+ Adjektiv.**

Z.B.:이 음식이 덜 매워요 (Dieses Essen ist weniger scharf).

Beispiele

i. 이 일은 덜 중요해요.

ii.그 차는 덜 빠르다.

iii.　이 영화가 덜 재미있어요.

iv.　이 커피가 덜 달아요.

v.그 사람은 덜 똑똑해요.

IV. Übung

1. Vervollständige jeden Satz mit der ~보다 더 Form.

i. 이 영화가 저 영화 _____ 재미있어요.

ii. 오늘이 어제 _____ 더워요.

iii. 이 음식이 저 음식 _____ 맛있어요.

iv. 이 사람이 저 사람 _____ 똑똑해요.

v. 나는 차보다 커피를 _____ 좋아해요.

2. Verbinde jeden Vergleichssatz in Spalte A mit der passendsten Antwort in Spalte B.

Spalte A	Spalte B
i. 이 집은 저 집보다 더 넓어요.	a) "네, 이 영화는 정말 흥미로워요.
ii. 이 음식이 저 음식보다 덜 매워요.	b) "맞아요. 그래서 여기서 사는 게 좋아요."
iii. 그는 우리 중에서 가장 똑똑해요.	c) "그래서 저는 이 차를 샀어요."
iv. 이 차가 저 차보다 더 빨라요.	d) "아, 그럼 이 음식을 먹어볼게요."
v. 이 영화가 가장 재미있어요.	e) "그는 정말 지식이 많아요."

3. Wandle die folgenden Ausdrücke in Präferenzen um, indem du ~보다 verwendest.

Z.B.: 차 / 자전거 → <u>저는 차보다 자전거를 더 좋아해요.</u>

   i. 휴식 / 일 → _____

   ii. 와인 / 맥주 → _____

   iii. 영화 / 책 → _____

   iv. 옷 / 신발 → _____

4. Vervollständige jeden Satz mit dem richtigen Komparativ-, Superlativ- oder Präferenzmuster aus der Wortbank

> 더, 보다, 가장, 덜, 좋아해요, 편안해요, 비싸요,
> 피곤해요, 빠릅니다

   i. 이 호텔은 저 호텔 _____ _____. (bequemer)

   ii. 나는 맥주 _____ 와인을 더 _____. (als, mögen)

   iii. 이 차는 우리 중에서 _____ _____. (am schnellsten)

   iv. 이 옷이 저 옷 _____ _____. (teurer als)

   v. 자전거 타는 것이 걷기 _____ _____. (weniger ermüdend als)

5. Ordne die Wörter, um korrekte Sätze zu bilden.

Z.B.: 더 / 그는 / 똑똑해요 / 나

<u>그는 나보다 더 똑똑해요.</u>

i. 가장 / 이 영화가/ 재미있어요

_____

ii. 보다 / 저는 / 차를 / 버스 / 더 좋아해요

_____

iii. 덜 / 이 커피가 / 저 커피 / 달아요/ 보다

_____

iv. 비싸요 / 이 가방이 / 모든 가방 중에서 / 가장

_____

Kapitel- 14

GEFÜHLE AUSDRÜCKEN

I. Vocabulary

기쁨	Freude
슬픔	Traurigkeit
화	Wut
놀라움	Überraschung
사랑	Liebe
두려움	Angst
불안	Unruhe
질투	Eifersucht
행복	Glück
외로움	Einsamkeit
만족	Zufriedenheit
실망	Enttäuschung
긴장	Nervosität
후회	Bedauern
걱정	Sorge
감사	Dankbarkeit
미안함/사과	Entschuldigung
자부심	Stolz
용기	Mut

욕심	Gier
즐거움	Vergnügen
분노	Wut
부러움	Neid
우울함	Depression
편안함	Komfort
혼란	Verwirrung
자신감	Selbstvertrauen
희망	Hoffnung
절망	Verzweiflung
아쉬움	Frustration
상처	Verletzung
신뢰	Vertrauen

Ausdrücke

감사해요	Ich bin dankbar.
부러워요.	Ich bin neidisc.
우울해요	Ich bin deprimiert.
편안해요	Ich fühle mich wohl.
혼란스러워요	Ich bin verwirrt.
자신 있어요	Ich bin selbstbewusst.
희망해요	Ich hoffe.
절망해요	Ich verzweifle.

II. Konversation

A: 요즘 기분이 어때요?

B: 조금 우울해요.

일이 잘 안 돼서 그래요.

A: 그래요? 저도 기분이 안 좋아요.

친구와 다퉈서 화나요.

B: 그렇군요.

저는 행복하고 싶어요.

A: 저도 그래요. 우리 같이

기분 전환을 할까요?

Wie fühlst du dich in letzter Zeit?

Ich fühle mich ein bisschen deprimiert.

Die Dinge laufen nicht gut.

Wirklich? Ich fühle mich auch schlecht.

Wirklich? Ich fühle mich auch schlecht.

Ich verstehe.

Ich möchte glücklich sein.

Ich auch.

Sollen wir zusammen etwas tun, um uns aufzumuntern?

III. Grammatik

1. Gefühlsverben: 기쁘다, 슬프다, 화나다

Diese Verben drücken direkte Emotionen aus.

Wie man benutzt

Subjekt + 기뻐요/슬퍼요/화나요.

Z.B.: • 저는 기뻐요 **(Ich bin glücklich).**

• 그는 슬퍼요 **(Er ist traurig).**

Beispiel

i. 저는 기뻐요.

ii. 그녀는 슬퍼요.

iii.   그는 정말 화나요.

iv.   오늘은 기쁜 날이에요.

v. 그 소식을 듣고 슬펐어요.

2. Emotionen ausdrücken: ~아서/어서 (Wegen, Aufgrund von)

Verwende ~아서/어서 um zu erklären, warum du dich auf eine bestimmte Weise fühlst.

Wie man benutzt

Verb/Adjektiv-Stamm + ~아서/어서.

K.B.: • 기뻐서 (weil ich glücklich bin),

• 슬퍼서 (weil ich traurig bin).

Beispiel

i. 좋은 소식을 들어서 기뻐요.

ii. 친구가 떠나서 슬퍼요.

iii. 일이 잘 안 돼서 화나요.

iv. 시험에 합격해서 기뻐요.

v. 날씨가 나빠서 슬퍼요.

3. Zustände beschreiben: ~고 있다 (Andauernder Zustand)

Verwende ~고 있다 um andauernde emotionale Zustände zu beschreiben.

Wie man benutzt

Verbstamm + ~고 있다.

Z.B.: • 기뻐하고 있다 (glücklich sein),

• 슬퍼하고 있다 (traurig sein).

Beispiel

i. 그는 지금 웃고 있어요.

ii. 저는 지금 울고 있어요.

iii. 그녀는 화를 내고 있어요.

iv. 아이가 놀라고 있어요.

v. 우리는 지금 행복해하고 있어요.

4. "Fühlen wollen" verwenden: ~고 싶다 (Wollen)

Verwende ~고 싶다 um den Wunsch auszudrücken, eine bestimmte Emotion zu fühlen.

Wie man benutzt

Verbstamm + ~고 싶다.

Z.B.: • 행복하고 싶다 (glücklich sein wollen).

Beispiel

i. 저는 행복하고 싶어요.

ii. 그는 기뻐하고 싶어요.

iii. 우리는 더 이상 슬프고 싶지 않아요.

iv. 그녀는 화나고 싶지 않아요.

v. 나는 사랑받고 싶어요.

IV. Übung

1. Vervollständige die Sätze mit den passenden Gefühlsverben.

i. 시험에 합격해서 _____. (glücklich)

ii. 친구와 헤어져서 _____. (traurig)

iii. 차가 막혀서 _____. (wütend)

iv. 선물을 받아서 _____. (glücklich)

v. 나쁜 소식을 들어서 _____. (traurig)

2. Übersetze die folgenden Sätze ins Koreanische

i. Ich bin glücklich wegen der guten Nachricht.

ii. Sie weint, weil sie traurig ist.

iii. Er wird gerade wütend.

iv. Ich möchte glücklich sein.

v. Ich bin traurig, weil mein Freund gegangen ist.

3. Verbinde jede Emotion mit dem richtigen Grund.

Spalte A	Spalte B
i. 슬퍼요	a) 좋은 소식을 들어서
ii. 기뻐요	b) 일이 잘 안 돼서
iii. 화나요	c) 친구와 다퉈서
iv. 놀라요	d) 갑자기 소리를 들어서
v. 행복해요	e) 사랑하는 사람과 함께 있어서

4. Verwende ~고 있다 um die andauernden Emotionen in den folgenden Sätzen zu beschreiben.

Z.B.: 그는 지금 웃다.

<u>그는 지금 웃고 있어요.</u>

i. 저는 지금 울다.

_____

ii. 그녀는 화를 내다.

_____

iii. 아이가 놀라다.

_____

iv. 우리는 지금 행복해하다.

_____

5. Ordne die Wörter, um korrekte Sätze zu bilden.

i. 기뻐요 / 좋은 소식을 / 들어서

_____

ii. 슬퍼요 / 일이 / 잘 / 안 돼서

_____

iii. 싫어요 / 저는 / 행복하고

_____

iv. 있어요 / 지금/ 그는 / 웃고

_____

v. 화나요 / 차가 / 막혀서

_____

Kapitel- 15

I. Vokabeln

일어나기	aufwachen
씻기	waschen
세수	gesicht waschen
샤워	duschen
양치질	Zähne putzen
아침 식사	Frühstück
점심	Mittagessen
저녁 식사	Abendessen
간식	snack
일하기	arbeiten
공부	lernen
운동	trainieren
청소	putzen
설거지	Geschirr spülen
빨래	Wäsche waschen
옷 입기	Verkleidung
머리 감기	Haare waschen
머리 빗기	Haare kämmen
장보기	einkaufen
쓰레기 버리기	Müll rausbringen
요리	kochen

식사 준비	Mahlzeit vorbereiten
전화하기	telefonieren
이메일 확인	E-Mails überprüfen
출근	zur Arbeit gehen
퇴근	von der Arbeit zurückkommen
버스 타기	Bus fahren
지하철 타기	U-Bahn fahren
걷기	gehen
책 읽기	Buch lesen
텔레비전 보기	fernsehen
휴식	ausruhen
잠자기	schlafen

Ausdrücke

아침을 먹어야 해요	Ich muss frühstücken.
운동할 필요가 있어요	Ich muss Sport treiben.
출근해야 해요.	Ich muss zur Arbeit gehen.
퇴근 후에는 쉬는 게 좋아요	Es ist gut, sich nach der Arbeit auszuruhen.
저녁을 만들어야 해요	Ich muss Abendessen kochen.
책을 읽는 게 좋아요	Es ist gut, ein Buch zu lesen.
빨래할 필요가 있어요	Ich muss Wäsche waschen.
양치질하는 게 중요해요	Zähne putzen ist wichtig.
식사 준비를 해야 해요	Ich muss das Essen vorbereiten.
청소하는 게 좋아요	Es ist gut zu putzen.
일찍 자는 게 좋아요	Es ist gut, früh schlafen zu gehen.

II. Konversation

A: 아침에 일어나서 뭐 해요?

Was machst du nach dem Aufwachen am Morgen?

B: 저는 일어나자마자 세수를 하고 양치질해요.

Sobald ich aufwache, wasche ich mein Gesicht und putze mir die Zähne.

A: 아침을 꼭 먹어야 해요. 건강에 좋아요.

Du musst unbedingt frühstücken. Es ist gut für die Gesundheit.

B: 맞아요. 그래서 저는 매일 아침을 먹으려고 해요.

Deshalb versuche ich jeden Morgen zu frühstücken

A: 운동도 자주 해요?

Treibst du auch oft Sport?

B: 네, 건강을 위해 매일 운동할 필요가 있어요.

Ja, ich muss jeden Tag Sport treiben für meine Gesundheit.

III. Grammatik

1. Verpflichtung: ~아/어야 하다 (Muss, Hat zu)

Wird verwendet, um auszudrücken, dass man etwas tun muss oder zu tun hat.

Wie man benutzt

Verbstamm + ~아/어야 하다.

Z.B.:• 가다 → 가야 하다 (gehen müssen).

Beispiele

i. 저는 일찍 일어나야 해요.

ii. 출근하기 전에 씻어야 해요.

iii. 아침을 먹어야 해요.

iv. 운동을 해야 해요.

v. 오늘은 청소를 해야 해요.

2. Notwendigkeit: ~필요하다 (Müssen)

Wird verwendet, um die Notwendigkeit auszudrücken, etwas zu tun.

Wie man benutzt

Verbstamm + ~할 필요가 있다.

Z.B.: 운동하다 → 운동할 필요가 있다 (**Sport treiben müssen**).

Beispiele

i. 저는 오늘 빨래할 필요가 있어요.

ii. 집에 가기 전에 기장을 봐야 할 필요가 있어요.

iii. 더 건강해지려면 운동할 필요가 있어요.

iv. 이 이메일을 확인할 필요가 있어요.

v. 내일의 회의를 위해 준비할 필요가 있어요.

3. Vorschlag: ~하는 게 좋다 (Es ist gut zu tun)

Wird verwendet, um eine gute oder bevorzugte Handlung vorzuschlagen.

Wie man benutzt

Verbstamm + ~하는 게 좋다.

Z.B.: 쉬다 → 쉬는 게 좋다 (**es ist gut sich auszuruhen**).

Beispiele

i. 일찍 자는 게 좋아요.

ii. 아침에 운동하는 게 좋아요.

iii. 식사 후에 양치질하는 게 좋아요.

iv. 주말에는 휴식하는 게 좋아요.

v. 매일 책을 읽는 게 좋아요.

4. Gewohnheit ausdrücken: ~곤 하다 (Tendenz haben zu)

Wird verwendet, um Gewohnheiten oder regelmäßig durchgeführte Handlungen auszudrücken.

Wie man benutzt

Verbstamm + ~곤 하다

Z.B.: 운동하다 → 운동하곤 하다 (tendieren, Sport zu treiben).

Beispiele

i. 저는 아침마다 산책하곤 해요.

ii. 그는 저녁에 TV를 보곤 해요.

iii. 그녀는 주말마다 청소하곤 해요.

iv. 저는 잠자기 전에 책을 읽곤 해요.

v. 그는 점심 후에 커피를 마시곤 해요.

IV. Übung

1. Vervollständige die Sätze mit der Form ~아/어야 하다.

i. 아침에 일찍 _____ 해요. (aufwachen)

ii. 오늘 저녁은 이곳에서 _____ 해요. (kochen)

iii. 학교에 가기 전에 숙제를 _____ 해요. (beenden)

iv. 건강을 위해 매일 _____ 해요. (Sport treiben)

v. 집에 들어오기 전에 장을 _____ 해요. (einkaufen)

2. Wähle den besten Ausdruck, um den Satz zu vervollständigen (Mit ~하는 게 좋다)

i. 아침에 일찍 _____ 게 좋아요. (aufwachen)

ii. 식사 후에 양치질 _____ 게 좋아요. (Zähne putzen)

iii. 저녁에 잠자기 전에 책을 _____ 게 좋아요. (lesen)

iv. 일찍 _____ 게 좋아요. (schlafen)

v. 운동을 _____ 게 좋아요. (machen)

3. Ordne die Wörter (Notwendigkeit ~필요하다)

i. 필요가 있어요 / 방을 / 청소할

_____

ii. 더 / 공부할 / 필요가 있어요

_____

iii. 필요가 있어요 / 이메일을 / 확인할

_____

iv. 필요가 있어요 / 내일의 회의를 / 준비할

_____

v. 운동할 / 필요가 있어요 / 건강을 위해

_____

4. Verbinde jeden Tagesablauf mit der entsprechenden Gewohnheit, ausgedrückt mit ~곤 하다.

Spalte A	Spalte B
i. 저는 아침마다 공원에서	a) TV를 보곤 해요.
ii. 그는 저녁에 가족들과	b) 산책을 하곤 해요.
iii. 그녀는 주말에 집을	c) 커피를 마시곤 해요.
iv. 우리는 매일 점심 후에	d) 청소하곤 해요.
v. 나는 자기 전에 좋아하는	e) 책을 읽곤 해요.

5. 5.Lies den Absatz und beantworte die folgenden Fragen.

민지는 아침에 일찍 일어나서 하루를 시작해요. 일어나자마자 세수를 하고, 아침 식사를 준비해야 해요. 건강을 위해 매일 아침 운동을 하는 게 좋아서, 그녀는 운동을 하곤 해요. 운동을 마친 후에는 아침을 먹고, 양치질을 해요.

아침 9시까지 회사에 가야 해서 빨리 옷을 갈아입고, 출근 준비를 해야 해요.

회사에서는 점심시간 전에 중요한 이메일을 확인할 필요가 있어요. 점심 식사를 마친 후에는 가끔 산책을 하곤 해요. 퇴근 후에는 집에 와서 저녁 식사를 준비해야 해요. 저녁 식사 후에는 설거지를 하고, 방을 청소할 필요가 있어요. 하루를 마무리하기 전에, 민지는 잠자기 전에 책을 읽곤 해요. 일찍 자는 게 건강에 좋다고 생각해서, 그녀는 보통 10시쯤 잠자리에 들어요.

A. Vervollständige die Sätze basierend auf dem Absatz.

i. 민지는 아침에 일어나자마자 _____ 하고, 아침 식사를 준비해야 해요. (Gesicht waschen)

ii. 건강을 위해 민지는 매일 아침에 _____ 을/를 해요. (Sport)

iii. 회사에서는 점심시간 전에 중요한 _____ 을/를 확인할 필요가 있어요. (E-Mails)

iv. 퇴근 후에는 집에 와서 _____ 을/를 준비해야 해요. (Abendessen)

v. 잠자기 전에, 민지는 _____ 을/를 읽곤 해요. (Buch)

B. Entscheide, ob die folgenden Aussagen richtig oder falsch sind.

i. 민지는 아침에 일어나자마자 운동을 해요.

ii. 민지는 점심시간 전에 이메일을 확인할 필요가 있어요.

iii. 민지는 저녁 식사 후에 보통 설거지를 하지 않아요.

iv. 민지는 잠자기 전에 책을 읽곤 해요.

v. 민지는 보통 밤 12시쯤 잠자리에 들어요.

Kapitel- 16

KÖRPER UND GESUNDHEIT

I. Vokabeln

머리	Kopf
얼굴	Gesicht
눈	Auge
눈썹	Augenbraue
코	Nase
입	Mund
입술	Lippen
이/치아	Zahn/Zähne
귀	Ohr
턱	Kinn
목	Hals
어깨	Schulter
팔	Arm
팔꿈치	Ellbogen
손	Hand
손목	Handgelenk
손가락	Finger
손톱	Fingernagel
가슴	Brust
배	Bauch
허리	Taille

등	Rücken
엉덩이	Hüfte
다리	Bein
무릎	Knie
발	Fuß
발목	Knöchel
발가락	Zeh
피부	Haut
근육	Muskel
심장	Herz
아프다	schmerzen
부었다	geschwollen sein
다쳤다	verletzt sein

Ausdrücke

통증이 있다	to have pain
두통이 있다	to have a headache
피가 나다	to bleed
근육통이 있다	to have muscle pain
열이 나다	to have a fever
땀이 나다	to sweat
소리가 들리다	to hear sounds
느낌이 이상하다	to feel strange
피부가 건조하다	to have dry skin
심장이 빨리 뛰다	heart beats fast

II. Konversation

A: 요즘 몸이 어때요? Wie fühlt sich dein Körper in letzter Zeit an?

B: 팔과 어깨가 아파요. Meine Arme und Schultern schmerzen.

일 때문에 그런 것 같아요. Ich denke, es liegt an der Arbeit.

A: 다리도 아프지 않아요? Schmerzen deine Beine auch nicht?

B: 네, 다리도 아파요. Doch, meine Beine schmerzen auch.

운동 때문에 그래요. Das kommt vom Sport.

A: 병원에 가서 진료를 Du solltest zum Arzt gehen und dich

받는 게 좋겠어요. untersuchen lassen.

B: 네, 치료를 받아야 할 Ja, ich denke, ich sollte eine Behandlung

것 같아요. bekommen.

III. Grammatik

1. ~에서 (In, Bei, Von)

~에서 wird verwendet, um einen Ort oder den Ursprung einer Handlung anzugeben, ähnlich wie "bei", "in" oder "von" im Deutschen.

Wie man benutzt
Ort + 에서 + verb.

Z.B.: • 병원에서 치료를 받아요 **(Ich erhalte Behandlung im Krankenhaus/in der Klinik)**

Beispiele

i. 병원에서 치료를 받아요.

ii. 집에서 쉬고 있어요.

iii. 공원에서 운동해요.

iv. 이 약은 약국에서 샀어요.

v. 도서관에서 책을 읽어요.

2. ~과 / 와 (Mit, Und)

~과 / 와 wird verwendet, um Substantive zu verbinden, wie "und" oder "mit" im Deutschen

Wie man benutzt

Substantiv + 과 / 와 + Substantiv .

Z.B.: • 저는 친구와 함께 있어요 **(Ich bin mit einem Freund).**

Beispiele

i. 친구와 병원에 갔어요.

ii. 의사와 상담했어요.

iii. 엄마와 함께 있어요.

iv. 손과 팔이 아파요.

v. 눈과 코가 가려워요.

3. ~도 (Auch, Ebenfalls)

~도 wird verwendet, um Einschluss anzuzeigen, wie "auch" oder "ebenfalls" im Deutschen.

Wie man benutzt

Substantiv + 도.

Z.B.: • 다리도 아파요 (Meine Beine schmerzen auch).

Beispiele

i. 다리도 아파요.

ii. 손도 부었어요.

iii. 어깨도 불편해요.

iv. 피부도 가려워요.

v. 허리도 이상해요.

4. ~때문에 (Wegen/Aufgrund von)

~때문에 wird verwendet, um die Ursache oder den Grund anzugeben, ähnlich wie "wegen" oder "aufgrund von" im Deutschen.

Wie man benutzt

Substantiv + 때문에 + Ergebnis.

Z.B.: • 감기 때문에 병원에 갔어요

(Ich bin wegen einer Erkältung zur Klinik gegange).

Beispiele

i. 감기 때문에 약을 먹어요.

ii. 일 때문에 어깨가 아파요.

iii. 운동 때문에 다리가 아파요.

iv. 부상 때문에 병원에 갔어요.

v. 감기 때문에 집에 있어요.

IV. Übung

1. Szenariobasierte Lückentexte (Mit ~때문에)

Szenario: Du bist beim Arzt und erklärst deine Symptome. Vervollständige jeden Satz, um deine Symptome mit dem Muster ~때문에 (wegen) zu erklären.

i. 어제 운동을 많이 해서 _____ 때문에 다리가 아파요. (Sport)

ii. 추운 _____ 때문에 목이 아파요. (kaltes Wetter)

iii. _____ 때문에 두통이 생겼어요. (stress)

iv. 무거운 가방을 오래 들고 있어서 _____ 때문에 팔이

아파요. (schwere Tasche)

v. 화학 제품을 사용한 후에 _____ 때문에 피부가

가려워요. (chemische Produkte)

2. Problemlösung (Mit ~이/가 아프다)

Szenario: Du bist Krankenpfleger/in und musst die Schmerzbereiche eines Patienten anhand seiner Beschwerden verstehen. Lies jede Beschreibung und wähle den richtigen Körperteil, der Schmerzen hat.

i. "책상에 팔꿈치를 너무 오래 대고 있었어요. 이제 여기가 아파요."

a) 머리

b) 팔꿈치

c) 다리

ii. "운동을 너무 많이 했어요. 특히 발목이 너무 아파요."

a) 발목

b) 손목

c) 어깨

iii. "무거운 책을 오래 들고 있어서 여기가 아파요."

a) 손

b) 허리

c) 팔

iv. "찬 음식을 먹고 나서 여기가 좀 아파요."

a) 이

b) 입

c) 배

v. "갑자기 너무 많이 걸었더니 여기가 아파요."

a) 손가락

b) 다리

c) 손목

3. Verbinde jedes Symptom mit seiner möglichen Ursache mit ~때문에.

Symptome	Ursachen
i. 피부가 가려워요	a) 컴퓨터를 오래 사용했어요.
ii. 허리가 아파요	b) 새로운 화장품을 썼어요.
iii. 다리가 아파요	c) 오래 걸었어요.
iv. 눈이 아파요	d) 무거운 물건을 들었어요.
v. 손목이 아파요	e) 계속 글씨를 많이 썼어요.

4. Übersetze die Symptome (Mit verschiedenen Mustern)

i. Ich bin wegen meiner Kopfschmerzen zur Klinik gegangen.

ii. Mein Handgelenk und meine Finger schmerzen wegen der Computerarbeit.

iii. Ich treibe jeden Morgen im Park Sport, und mein Freund begleitet mich auch.

iv. Mein Rücken schmerzt wegen des Hebens schwerer Gegenstände.

v. Meine Augen sind auch vom Lesen müde.

5. Lies den Absatz und beantworte die Fragen basierend auf den Beschreibungen.

수진이는 어제 운동을 너무 많이 해서 다리와 발목이 아파요.
오늘 아침에는 일어나서 팔도 조금 아팠어요. 어제 운동 후에는
공원에서 친구와 이야기를 하다가 넘어졌어요. 그래서 무릎도 조금
다쳤어요. 친구는 그와 같이 병원에 가서 진료를 받는 게 좋다고
했지만, 수진이는 그냥 집에서 쉬고 싶다고 했어요.

i. 수진이의 다리와 발목이 아픈 이유는 무엇인가요?

Antwort: _____

ii. 수진이는 어디에서 친구와 이야기를 했나요?

Antwort: _____

iii. 수진이의 친구가 추천한 것은 무엇인가요?

Antwort: _____

iv. 수진이의 다친 부위는 어디인가요?

Antwort: _____

v. 수진이는 병원에 가고 싶어 하나요, 아니면 집에 있고 싶어 하나요?

Antwort: _____

Kapitel- 17

I. Vokabeln

날씨	Wetter
계절	Jahreszeit
봄	Frühling
여름	Sommer
가을	Herbst
겨울	Winter
맑음	klar
비	Regen
눈	Schnee
바람	Wind
습기	Feuchtigkeit
안개	Nebel
번개	Blitz
태풍	Taifun
구름	Wolke
온도	Temperatur
추위	Kälte
더위	Hitze
장마	Monsun
햇볕	Sonnenschein
습도	Luftfeuchtigkeit
바닷바람	Meeresbrise

산들바람	sanfte Brise
소나기	Regenschauer
기분	Stimmung
행복	Glück
불안	Angst
우울	Depression
긴장	Nervosität
걱정	Sorge
신남	Aufregung
짜증	Ärger
평화	Frieden
피곤함	Müdigkeit
만족	Zufriedenheit
설렘	Vorfreude
여유	Freizeit
피로	Erschöpfung
보통	normalerweise
자주	oft
항상	stets
가끔	manchmal
갑자기	plötzlich
조금	ein wenig
꽤	ziemlich

매우	sehr
특히	besonders
완전히	vollständig
그다지	nicht so sehr
마치	als ob
즉시	sofort
서서히	allmählich
여전히	noch immer
느리게	langsam
빠르게	schnell
한편	einerseits
차분히	ruhig

Ausdrücke

날씨가 좋네요	Das Wetter ist schön
바람이 시원해요	Die Brise ist erfrischend
비가 와서 우울해요	Es regnet, deshalb fühle ich mich niedergeschlagen
햇볕이 따뜻해서 기분이 좋아요	Der Sonnenschein ist warm, deshalb fühle ich mich gut
더위 때문에 짜증나요	Ich fühle mich genervt wegen der Hitze
눈이 내려서 설레요	Der Schnee macht mich aufgeregt
날씨가 흐려서 조금 피곤해요	Das bewölkte Wetter macht mich etwas müde
바람이 불어서 상쾌해요	Der Wind ist erfrischend
하늘이 맑아서 기분이 좋아요	Der Himmel ist klar, deshalb fühle ich mich gut

II. Konversation

A: 오늘 날씨가 참 좋네요!   Das Wetter ist heute wirklich schön!

B: 네, 하늘이 맑아서   Ja, der klare Himmel lässt

기분이 좋아요.   mich gut fühlen.

A: 저는 맑은 날보다 비   Ich mag eigentlich regnerische Tage

오는 날이 더 좋아요.   lieber als sonnige Tage.

B: 그렇군요. 저는 비가   Wirklich? Ich fühle mich etwas

오면 조금 우울해져요.   niedergeschlagen, wenn es regnet.

A: 그럼, 오늘 같은 날에는   Was möchtest du dann an einem

뭐 하고 싶어요?   Tag wie heute machen?

B: 따뜻한 햇볕 아래에서   Was möchtest du dann an einem

산책하고 싶어요.   Tag wie heute machen?

III. Grammatik

1. Reaktionen ausdrücken: ~네요

~네요 wird verwendet, um Überraschung, Bewunderung oder eine Erkenntnis über etwas auszudrücken, ähnlich wie "oh!" oder "wow!" im Deutschen.

Wie man benutzt

Verbstamm + ~네요.

Z.B.: 맑다 → 맑네요 (Oh, it's clear!)

Beispiele

i. 날씨가 좋네요!

ii. 바람이 시원하네요!

iii. 구름이 많네요!

iv. 오늘은 정말 덥네요!

v. 눈이 오네요!

2. Ursache und Wirkung ausdrücken: ~아서/어서 (Weil, Daher)

~아서/어서 wird verwendet, um den Grund oder die Ursache für etwas auszudrücken, ähnlich wie "weil" oder "daher" im Deutschen.

Wie man benutzt

Verbstamm + ~아서/어서.

Z.B.:덥다 → 더워서 (weil es heiß ist)

Beispiele

i. 비가 와서 우울해요.

ii. 날씨가 추워서 집에 있고 싶어요.

iii. 햇볕이 따뜻해서 기분이 좋아요.

iv. 바람이 불어서 상쾌해요.

v. 하늘이 맑아서 기분이 좋아요.

3. Präferenz ausdrücken: ~보다 더 (Mehr als)

~보다 더 wird verwendet, um Dinge zu vergleichen, ähnlich wie "mehr als" im Deutschen.

Wie man benutzt

Substantiv + 보다 더 + Adjektiv.

Z.B.:여름보다 더 시원해요 (Kühler als Sommer).

Beispiele

i. 겨울이 여름보다 더 추워요.

ii. 맑은 날이 비 오는 날보다 더 좋아요.

iii. 가을이 봄보다 더 시원해요.

iv. 구름 낀 날보다 맑은 날이 좋아요.

v. 비 오는 날보다 햇볕이 나는 날이 더 좋아요.

4. Häufigkeit ausdrücken: ~마다 (Jeden)

~마다 wird verwendet, um Wiederholung oder Häufigkeit anzuzeigen, ähnlich wie "jeder" im Deutschen.

Wie man benutzt

Substantiv + ~마다.

Z.B.: 날마다 (jeden tag)

Beispiele

i. 날마다 날씨가 달라요.

ii. 봄마다 꽃이 피어요.

iii. 주말마다 비가 와요.

iv. 겨울마다 눈이 내려요.

v. 아침마다 바람이 불어요.

IV. Übung

1. Vervollständige jeden Satz mit ~아서/어서 um den Grund für jede Stimmung zu erklären.

   i. 비가 와 _____ 우울해요.

   ii. 날씨가 추워_____ 집에 있고 싶어요.

   iii. 바람이 불_____ 상쾌해요.

   iv. 하늘이 맑_____ 기분이 좋아요.

   v. 너무 더워_____ 밖에 나가고 싶지 않아요.

2. Wähle die richtige Form, um den Vergleich zu vervollständigen.

i. 여름보다 겨울이 더 _____ (cold).

a) 덥다

b) 시원하다

c) 춥다

ii. 맑은 날이 비 오는 날보다 더 _____ (nice).

a) 싫다

b) 좋다

c) 슬프다

iii. 겨울보다 봄이 더 _____ (warm).

a) 춥다

b) 따뜻하다

c) 시원하다

iv. 비 오는 날보다 눈 오는 날이 더 _____ (exciting).

a) 설레다

b) 지겹다

c) 불편하다

v. 가을보다 여름이 더 _____ (hot).

a) 춥다

b) 덥다

c) 따뜻하다

3. Fülle die Lücken (mit ~네요)

i. 오늘 날씨가 정말 덥_____!

ii. 바람이 시원하_____!

iii. 구름이 많_____!

iv. 눈이 오_____!

v. 하늘이 맑_____!

4. Übersetze die folgenden Sätze ins Koreanische mit ~보다 더 für Vergleiche.

i. Der Frühling ist wärmer als der Winter.

ii. Ich mag sonnige Tage mehr als regnerische Tage.

iii. Das heutige Wetter ist kühler als das gestrige.

iv. Der Sommer ist heißer als der Herbst.

v. Klare Himmel sind schöner als bewölkte Himmel.

5. Verbinde das Wetter mit Emotionen

Wetterbedingungen	Emotionen
i. 맑은 날	a) 기분이 좋아서 산책하고 싶어요.
ii. 비 오는 날	b) 설레서 밖을 보고 있어요.
iii. 더운 여름	c) 시원해서 상쾌해요.
iv. 눈 내리는 겨울	d) 더워서 피곤해요.
v. 바람이 부는 가을	e) 우울해요.

Kapitel- 18

I. Vokabeln

취미	Hobby
스포츠	Sport
축구	Fußball
농구	Basketball
테니스	Tennis
배드민턴	Badminton
골프	Golf
야구	Baseball
배구	Volleyball
달리기	Laufen
자전거 타기	Radfahren
등산	Wandern
수영	Schwimmen
요가	Yoga
체조	Gymnastik
독서	Lesen
여행	Reise/Reisen
음악 감상	Musik hören
사진 찍기	Fotografieren
요리	Kochen
춤	Tanzen

노래 부르기	Singen
글쓰기	Schreiben
악기 연주	Instrument spielen
영화 감상	Filme anschauen
게임	Spiele
보드 게임	Brettspiele
정원 가꾸기	Gartenarbeit
자수	Stickerei
명상	Meditation
낚시	Angeln
캠핑	Camping
식물 기르기	Pflanzen pflegen

Ausdrücke

한 달에 한 번 해요	Ich mache es einmal im Monat
일주일에 두 번 해요	Ich mache es zweimal pro Woche
운동을 하러 가요	Ich gehe zum Sport
취미를 즐길 때	Wenn ich ein Hobby genieße
친구와 같이 해요	Ich mache es mit einem Freund
집에서 주로 해요	Ich mache es hauptsächlich zu Hause
산에서 등산해요	Ich wandere in den Bergen
연습을 많이 해요	Ich übe viel
혼자 할 때가 많아요	Ich mache es oft alleine
가끔 새로운 취미를 찾아요	Ich suche manchmal nach neuen Hobbys

II. Konversation

A: 주말에 뭐 해요?

B: 저는 친구와 농구하러 공원에 가요. 당신은요?

A: 저는 가끔 등산하러 가요. 산에 갈 때 기분이 상쾌해요.

B: 등산하면서 음악도 들어요?

A: 네, 음악을 들으면서 걸으면 더 즐거워요.

Was machst du am Wochenende?

Ich gehe mit einem Freund in den Park, um Basketball zu spielen. Und du?

Ich gehe manchmal wandern. Ich fühle mich erfrischt, wenn ich in die Berge gehe.

Hörst du auch Musik beim Wandern?

Ja, es macht mehr Spaß, wenn ich beim Gehen Musik höre.

III. Grammatik

1. "Wann" ausdrücken: ~(으)ㄹ 때 (Wenn)

~(으)ㄹ 때 wird verwendet, um anzugeben, wann etwas passiert.

Wie man benutzt

Verbstamm + (으)ㄹ 때.

Z.B.: 책을 읽을 때 (wenn ich ein Buch lese).

Beispiele

i. 저는 자전거를 탈 때 기분이 좋아요.

ii. 친구와 같이 농구할 때 재미있어요.

iii. 주말에 영화 볼 때 주로 팝콘을 먹어요.

iv. 등산할 때 산이 예뻐요.

v. 요리할 때 음악을 듣는 걸 좋아해요.

2. Zweck des Gehens: ~(으)러 가다 (Gehen, um etwas zu tun)

~(으)러 가다 wird verwendet, um anzuzeigen, dass man irgendwohin geht, um eine bestimmte Handlung auszuführen.

Wie man benutzt

Verbstamm + (으)러 가다.

Z.B.: 운동하러 가다 (zum Sport gehen).

Beispiele

i. 주말에 등산하러 산에 가요.

ii. 친구와 같이 테니스를 치러 공원에 가요.

iii. 사진을 찍으러 바다에 갔어요.

iv. 수영하러 수영장에 가요.

v. 운동하러 헬스장에 자주 가요.

3. Genuss von Aktivitäten ausdrücken: ~(으)면서
(Während man etwas tut)

~(으)면서 wird verwendet, um zu beschreiben, dass man zwei Handlungen gleichzeitig ausführt, wie z.B. ein Hobby ausüben und gleichzeitig eine andere Aktivität genießen.

Wie man benutzt

Verbstamm + ~(으)면서.

Z.B.: 음악을 들으면서 공부해요 (Ich lerne, während ich Musik höre).

Beispiele

i. 저는 산책하면서 음악을 들어요.

ii. 책을 읽으면서 커피를 마셔요.

iii. 친구와 이야기하면서 농구를 해요.

iv. 요리하면서 새로운 레시피를 생각해요.

v. TV를 보면서 운동을 해요.

4. Gewohnheitsmäßige Handlungen ausdrücken: ~(으)ㄴ 적이 있다

~(으)ㄴ 적이 있다 wird verwendet, um anzuzeigen, dass jemand die Erfahrung gemacht hat, etwas in der Vergangenheit zu tun, was oft verwendet wird, um über Hobbys oder Aktivitäten zu sprechen, die zuvor ausgeführt wurden.

Wie man benutzt

Verbstamm + (으)ㄴ 적이 있다.

Z.B.: 골프를 해본 적이 있어요 (I have tried playing golf before).

Beispiele

i. 저는 캠핑을 해본 적이 있어요.

ii. 해외여행을 가본 적이 있어요.

iii. 자전거를 타본 적이 없어요.

iv. 친구와 함께 배드민턴을 쳐본 적이 있어요.

v. 요가를 해본 적이 있어요.

IV. Übung

1. Fülle die Lücken (mit ~(으)ㄹ 때)

i. 저는 영화 _____ 즐거워요. (watch)

ii. 책을 _____ 시간이 빨리 가요. (read)

iii. 친구와 같이 수영 _____ 신나요. (swim)

iv. 요리 _____ 항상 음악을 들어요. (cook)

v. 저녁을 _____ 주로 TV를 봐요. (eat)

2. Wähle das richtige Wort, um jeden Satz zu vervollständigen

i. 주말에 친구와 _____ 공원에 가요.

a) 운동하러

b) 운동할 때

c) 운동하면서

ii. 사진을 찍으_____ 산에 갔어요.

a) 고

b) 때

c) 러

iii. 매주 금요일 저녁에 _____ 강에 가요.

a) 낚시하러

b) 낚시할 때

c) 낚시하면서

iv. 새 책을 _____ 도서관에 가요.

a) 찾을 때

b) 찾으러

c) 찾으면

v. 저녁마다 산책하_____ 공원에 가요.

a) 로

b) 때

c) 러

3. Ändere in die richtige Grammatikform

Convert each sentence below to the correct grammar form as instructed.

A. Ändere zu ~(으)ㄹ 때 (Wenn)

i. 저는 음악을 듣다. (Änderung: "Wenn ich Musik höre, fühle ich mich

ii. entspannt.")

_____

ii. 친구와 테니스를 치다. (Änderung: "Es macht Spaß, wenn ich mit meinem Freund Tennis spiele.")

_____

iii. 요리하다, 저는 항상 레시피를 본다. (Änderung: "Wenn ich koche, schaue ich immer das Rezept an.")

_____

B. Ändere zu ~(으)러 가다 (Gehen, um etwas zu tun)

i. 저는 운동하다 헬스장에 갔어요. (Änderung: "Ich ging ins Fitnessstudio, um

ii. Sport zu treiben.")

_____

ii. 친구와 같이 자전거 타다 공원에 갔어요. (Änderung zu: "Ich ging mit meinem Freund in den Park, um Rad zu fahren.")

_____

iii. 산책하다 공원에 갔어요. (Änderung zu: "Ich ging in den Park, um spazieren zu gehen.")

_____

C. Ändere zu ~(으)면서 (Während man etwas tut)

i. 저는 독서하다 음악을 들어요. (Änderung zu: "Ich höre Musik, während ich

ii. lese.")

_____

ii. 친구와 산책하다 이야기해요. (Änderung zu: "Ich spreche mit meinem Freund, während wir spazieren gehen.")

_____

iii. 요리하다 새로운 레시피를 생각해요. (Änderung zu: "Ich denke an neue Rezepte, während ich koche.")

_____

Kapitel- 19

I. Vokabeln

서울	Seoul
경복궁	Gyeongbokgung Palast
창덕궁	Changdeokgung Palast
북촌 한옥마을	Bukchon Hanok Dorf
남산	Namsan
한강	Han Fluss
명동	Myeongdong
홍대	Hongdae
인사동	Insadong
제주도	Jeju Insel
한라산	Hallasan Berg
서귀포	Seogwipo
부산	Busan
해운대	Haeundae Strand
광안리	Gwangalli Strand
자갈치 시장	Jagalchi Markt
경주	Gyeongju
안동	Andong
설악산	Seoraksan Berg
울릉도	Ulleungdo Insel
속초	Sokcho
전주 한옥마을	Jeonju Hanok Dorf
동대문	Dongdaemun

남대문 시장	Namdaemun Markt
서울 타워	Seoul Tower
롯데월드	Lotte World
경주 불국사	Bulguksa Tempel in Gyeongju
비무장지대 (DMZ)	DMZ (Demilitarisierte Zone)
호텔	Hotel
게스트하우스	Gästehaus
호스텔	Hostel
펜션	Pension
한옥	Hanok (traditionelles koreanisches Haus)
캠핑장	Campingplatz
모텔	Motel
숙소	Unterkunft
방문객 센터	Besucherzentrum
리셉션	Rezeption
침대	Bett
욕실	Badezimmer
침구	Bettwäsche
짐	Gepäck
예약	Reservierung
체크인	Check-in
체크아웃	Check-out
식사 포함	Mahlzeiten inbegriffen

무료 와이파이	kostenloses WLAN
주차	Parken
서비스	Service
객실	Gästezimmer
조식	Frühstück

Ausdrücke

예약할 수 있나요?	Kann ich eine Reservierung vornehmen?
체크인은 몇 시에 하나요?	Wann ist der Check-in?
어디에서 묵을 거예요?	Wo werden Sie übernachten?
짐을 맡길 수 있나요?	Kann ich mein Gepäck aufbewahren?
한옥에서 자보고 싶어요	Ich möchte in einem Hanok übernachten
주차장이 있나요?	Gibt es einen Parkplatz?
무료 와이파이가 있나요?	Gibt es kostenloses WLAN?
아침 식사도 제공되나요?	Wird auch Frühstück angeboten?
방이 깨끗해요	Das Zimmer ist sauber
숙소가 마음에 들어요	Mir gefällt die Unterkunft

II. Konversation

A: 이번 여행에서는 어디에 갈 거예요?

Wohin werden Sie bei dieser Reise gehen?

B: 먼저 서울에서 경복궁에 가보고 싶어요. 그리고 인사동도 구경할 거예요.

Zuerst möchte ich den Gyeongbokgung Palast in Seoul besuchen. Und ich werde auch Insadong besichtigen.

A: 경복궁은 미리 예약하는 게 좋아요. 사람이 많거든요.

B: 그렇군요! 숙소는 한옥에서 묵어볼 거예요.

A: 와, 좋은 생각이에요. 한옥에서 자보는 것도 특별한 경험일 거예요.

Es ist gut, Tickets für den Gyeongbokgung Palast im Voraus zu reservieren. Es gibt viele Menschen.

Ach so! Ich werde in einem Hanok übernachten.

Wow, das ist eine gute Idee. In einem Hanok zu übernachten wird auch eine besondere Erfahrung sein.

III. Grammatik

1. Zukunftspläne: ~(으)ㄹ 거예요 (Werden/Vorhaben zu)

~(으)ㄹ 거예요 wird verwendet, um zukünftige Pläne oder Absichten auszudrücken.

Wie man benutzt

Verbstamm + ~(으)ㄹ 거예요.

Z.B.: 갈 거예요 (Ich werde gehen).

Beispiele

i. 이번 주말에 경복궁에 갈 거예요.

ii. 내년에 제주도로 여행 갈 거예요.

iii. 호텔에서 묵을 거예요.

iv. 명동에서 쇼핑할 거예요.

v. 한옥마을에 가서 한옥에서 자볼 거예요.

2. Neue Erfahrungen ausprobieren: ~아/어 보다
(Versuchen, etwas zu tun)

~아/어 보다 wird verwendet, um anzuzeigen, dass man etwas Neues ausprobiert oder zum ersten Mal erlebt.

Wie man benutzt

Verbstamm + ~아/어 보다.

Z.B.: 먹어 보다 (versuchen zu essen).

Beispiele

i. 한복을 입어 보고 싶어요.

ii. 한옥에서 자보고 싶어요.

iii. 제제주도에서 바다를 찾아가 보고 싶어요.

iv. 전주 한옥마을에 가보고 싶어요.

v. 한국 음식을 먹어 봤어요.

3. Vorschläge machen: ~는 게 좋다 (Es ist gut zu)

~는 게 좋다 wird verwendet, um Vorschläge zu machen oder Ratschläge zu geben.

Wie man benutzt

Verbstamm + ~는 게 좋다.

Z.B.: 예약하는 게 좋다 (Es ist gut, eine Reservierung zu machen).

Beispiele

i. 유명한 곳은 미리 예약하는 게 좋아요.

ii. 날씨가 좋을 때 한강에서 산책하는 게 좋아요.

iii. 서울에 가면 남산에 가보는 게 좋아요.

iv. 제주도에서 흑돼지를 먹어 보는 게 좋아요.

v. 관광지에 갈 때 지도를 챙기는 게 좋아요.

IV. Übung

1. Fülle die Lücken aus (mit ~(으)ㄹ 거예요)

i. 저는 내일 경주에 _____. (gehen)

ii. 주말에 가족과 부산에서 _____. (übernachten)

iii.   이번 여름에 제주도에 _____. (besuchen)

iv.   여행할 때 친구와 쇼핑을 _____. (machen)

v. 명동에서 맛있는 음식을 _____. (essen)

2. Verbinde die folgenden

Spalte A	Spalte B
i. 서울에 갈 때는 한복을 _____	a) 볼 거예요
ii. 제주도에 가면 흑돼지를 _____	b) 가져가는 게 좋아요
iii. 유명한 관광지라서 미리 _____	c) 입어 보고 싶어요
iv. 친구와 함께 경주에 _____	d) 묵어 보고 싶어요
v. 한옥에서 _____	e) 예약하는 게 좋아요
vi. 관광지에서 지도를 _____	f) 먹어 볼 거예요
vii. 해운대 해수욕장에서 수영을 _____	g) 해 볼 거예요
viii. 남산에서 야경을 _____	h) 가기로 했어요

3. Lies den Text und beantworte die folgenden Fragen.

Passage

미나는 이번 주말에 친구들과 함께 부산으로 여행을 갈 거예요.
그들은 해운대 해수욕장에서 수영을 하고 싶어요.
미나는 부산에 처음 가기 때문에 유명한 음식도 먹어
보고 싶어요. 특히, 부산에서 유명한 회를 먹어 보고 싶어요.

미나는 여행을 위해 미리 숙소를 예약하는 게 좋다고 생각해요. 그리고 여행 중에 지도를 챙기는 것도 중요하다고 생각해요.

Fragen

i. 미나는 이번 주말에 어디로 여행을 갈 거예요?

Antwort: _____

ii. 미나와 친구들은 부산에서 무엇을 하고 싶어요?

Antwort: _____

iii. 미나는 부산에서 어떤 음식을 먹어 보고 싶어 해요?

Antwort: _____

iv. 수영을 하고 싶어 해요?

Antwort: _____

v. 미나는 여행을 위해 미리 무엇을 하는 게 좋다고 생각해요?

Antwort: _____

4. Ändere jeden Satz gemäß der gegebenen Anweisung.

i. Original: 저는 다음 주에 한옥에서 묵어 보고 싶어요.

Ändern zu: ~(으)ㄹ 거예요.

Antwort: _____

ii. Original: 친구와 같이 서울타워에 갈 거예요.

Ändern zu: ~는 게 좋다

Antwort: _____

iii. Original: 경복궁에서 전통 옷을 입어 볼 거예요.

Ändern zu: ~아/어 보다.

Antwort: _____

iv. Original: 제주도에서 바다를 볼 거예요.

Ändern zu: ~아/어 보다.

Antwort: _____

v. Original: 여행할 때 미리 예약하는 게 좋다.

Ändern zu: ~(으)ㄹ 거예요.

Antwort: _____

vi. Original: 전주 한옥마을에 가보고 싶어요.

Ändern zu: ~는 게 좋다.

Antwort: _____

Kapitel- 20

HERUMKOMMEN

I. Vokabeln

기차	Zug
버스	Bus
지하철	U-Bahn
택시	Taxi
자전거	Fahrrad
자동차	Auto
비행기	Flugzeug
고속버스	Expressbus
시외버스	Überlandbus
전철	Metro
모노레일	Monorail
여객선	Passagierschiff
택시 승강장	Taxistand
버스 정류장	Bushaltestelle
지하철역	U-Bahnstation
주차장	Parkplatz
운전면허증	Führerschein
고속도로	Autobahn/Schnellstraße
지하철 노선도	U-Bahn-Linienplan
시간표	Fahrplan
표	Ticket
도착 시간	Ankunftszeit

출발 시간	Abfahrtszeit
요금	Fahrpreis
차량	Fahrzeug
운전	Fahren
차도	Straße
횡단보도	Zebrastreifen
보행자	Fußgänger
길	Straße
버스 터미널	Busterminal
전철 노선	U-Bahn-Linie
카드 충전	Kartenaufladung

Ausdrücke

지하철 몇 호선을 타야 해요?	Welche U-Bahn-Linie sollte ich nehmen?
버스는 어디에서 타요?	Wo nehme ich den Bus?
택시 요금이 얼마예요?	Wie viel kostet die Taxifahrt?
교통이 많이 막혀요	Es gibt viel Verkehr
길이 많이 막혔어요	Die Straße ist sehr verstopft
출발 시간이 언제예요?	Wann ist die Abfahrtszeit?
몇 시에 도착할 거예요?	Um wie viel Uhr werden wir ankommen?
몇 호선을 타야 하나요?	Welche Linie sollte ich nehmen?
버스 정류장이 어디에 있어요?	ist die Bushaltestelle?
주차할 곳이 없어요	Es gibt keinen Platz zum Parken
교통카드로 결제할 수 있어요?	Kann ich mit einer Transportkarte bezahlen?
이 버스는 어디까지 가요?	Wie weit fährt dieser Bus?

II. Konversation

A: 서울에서 부산까지 어떻게 갈 거예요?

B: 저는 기차나 고속버스를 타고 갈 거예요. 시간이 얼마나 걸려요?

A: 기차로는 약 세 시간 정도 걸려요. 고속버스는 더 오래 걸려요.

B: 그럼, 기차로 가는 게 좋겠네요. 표는 미리 예약해야 해요?

A: 네, 주말에는 사람이 많으니 미리 예약하는 게 좋아요.

Wie wirst du von Seoul nach Busan kommen?

Ich werde entweder mit dem Zug oder dem Expressbus fahren.

Wie lange dauert es?

Mit dem Zug dauert es etwa drei Stunden. Der Expressbus dauert länger.

B: Dann ist es besser, mit dem Zug zu fahren. Muss ich das Ticket im Voraus reservieren?

A: Ja, es ist gut, im Voraus zu reservieren, weil am Wochenende viele Leute unterwegs sind.

III. Grammatik

1. "Entweder...oder..." ausdrücken: (이)나

(이)나 wird verwendet, um Optionen anzuzeigen und bedeutet "oder".

Wie man benutzt

Substantiv + (이)나 (mit 이 für Wörter, die mit Konsonanten enden, 나 für Vokale).

K.B.:버스나 지하철 (Bus oder U-Bahn)

Beispiele

i. 저는 버스나 지하철을 타요.

ii. 기차나 고속버스를 타고 가세요.

iii. 택시나 자전거로 갈 수 있어요.

iv. 자동차나 전철을 타고 출발해요.

v. 공항까지 버스나 지하철을 타고 가요.

2. 2. Von Ort zu Ort: ~에서-까지 (Von...bis)

~에서-까지 wird verwendet, um den Ausgangs- und Endpunkt einer Reise anzugeben und bedeutet "von...bis".

Wie man benutzt
Ort + 에서 (Ausgangspunkt) + Ort + 까지 (Endpunkt).

K.B.: 서울에서 부산까지 (von Seoul nach Busan)

Beispiele

i. 서울에서 부산까지 기차로 가요.

ii. 집에서 회사까지 자전거로 가요.

iii. 인천에서 제주도까지 비행기로 가요.

iv. 고속도로를 타고 서울에서 대전까지 가요.

v. 역에서 호텔까지 걸어갈 수 있어요.

3. 3. Dauer ausdrücken: ~동안 (Für/Dauer)

~동안 wird verwendet, um auszudrücken, wie lange etwas dauert, und bedeutet "für" eine bestimmte Zeitspanne.

Wie man benutzt

Zeitraum + 동안.

K.B.: 두 시간 동안 (für zwei Stunden)

Beispiele

i. 버스를 두 시간 동안 타야 해요.

ii. 지하철을 한 시간 동안 타요.

iii. 비행기로 세 시간 동안 가요.

iv. 운전을 다섯 시간 동안 했어요.

v. 열차를 네 시간 동안 타고 갈 거예요.

IV. Übung

1. Fülle die Lücken aus (mit ~(이)나 und ~에서-까지)

i. 저는 학교 _____ 집까지 버스를 타요.

ii. 서울에서 인천공항 _____ 택시를 타고 갈 거예요.

iii. 서울에서는 지하철 _____ 버스를 이용할 수 있어요.

iv. 오늘 교통이 복잡해서 자전거 _____ 지하철을 생각 중이에요.

v. 역 _____ 호텔까지 택시로 가면 빨라요.

2. Verbinde die Aussage mit dem richtigen Ende

Spalte A	Spalte B
i. 서울에서 부산까지	a) 지하철을 타면 편리해요
ii. 공항에서 호텔까지	b) 기차로 가면 빠르게 도착해요
iii. 전철이나	c) 택시를 타는 게 편해요
iv. 교통이 복잡할 때는	d) 걸어서 갈 수 있어요
v. 서울에서는 버스나	e) 지하철을 탈 수 있어요

3. Ändere das Grammatikmuster

Anleitung: Jeder Satz unten verwendet ein bestimmtes Grammatikmuster. Ändere jeden Satz gemäß der Anweisung und verwende die richtige Form. Dies wird dir helfen, das Wechseln zwischen den Grammatikmustern (이)나 (oder), ~에서-까지 (von...bis) und ~동안 (für/Dauer) zu üben).

i. **Original:** 저는 서울에서 부산까지 기차로 갈 거예요.

Ändern zu: 동안 um auszudrücken, wie lange es dauern wird (3 Stunden).

Antwort: _____

ii. **Original:** 저는 버스나 지하철을 타요.

Ändern zu: ~에서-까지 um eine Route von "Zuhause zur Arbeit" zu beschreiben.

Antwort: _____

iii. **Original:** 친구와 함께 공항까지 택시를 타고 갔어요.

Ändern zu: ~동안 um die Dauer anzuzeigen (45 Minuten).

Antwort: _____

iv. **Original:** 학교에서 도서관까지 걸어갔어요.

Ändern zu: ~(이)나 um eine alternative Art der Fortbewegung zu beschreiben (Bus oder zu Fuß).

Antwort: _____

v. **Original:** 저는 한 시간 동안 자전거를 타고 산책을 했어요.

Ändern zu: ~에서-까지 um eine Route von "Park nach Hause" zu beschreiben.

Antwort: _____

4. Lies einen Text und beantworte die folgenden Fragen.

Passage

지수는 이번 주말에 친구들과 함께 서울에서 부산까지 여행을 갈 거예요. 그들은 서울역에서 고속열차를 타고 부산역까지 갈 거예요. 기차로는 약 두 시간 반 걸려요. 부산에 도착한 후, 지수와 친구들은 택시나 버스를 타고 해운대 해수욕장까지 가기로 했어요. 해운대에서 하루 동안 시간을 보낸 후, 그들은 다시 기차를 타고 서울로 돌아올 계획이에요. 지수는 교통이 복잡할 때는 택시보다 버스를 타는 게 좋다고 생각해요.

Fragen

i. 지수와 친구들은 어떤 교통수단을 이용해 서울에서 부산까지 갈 예정인가요?

Antwort: _____

ii. 부산까지 가는 기차는 얼마나 걸리나요?

Antwort: _____

iii. 부산에 도착한 후, 해운대까지 가기 위해 그들이 선택할 수 있는 교통수단은 무엇인가요?

Antwort: _____

iv. 지수는 교통이 복잡할 때 어떤 교통수단이 더 좋다고 생각하나요?

Antwort: _____

v. 해운대에서 시간을 얼마나 보낼 예정인가요?

Antwort: _____

Kapitel- 21

I. Vokabeln

사과	Apfel
바나나	Banane
포도	Traube
오렌지	Orange
딸기	Erdbeere
수박	Wassermelone
배	Birne
복숭아	Pfirsich
파인애플	Ananas
키위	Kiwi
멜론	Melone
귤	Mandarine
자몽	Grapefruit
쌀	Reis
빵	Brot
우유	Milch
커피	Kaffee
주스	Saft
달걀	Ei
고기	Fleisch
김치	Kimchi
라면	Ramen

생선	Fisch
밥	gekochter Reis
국수	Nudeln
소고기	Rindfleisch
돼지고기	Schweinefleisch
닭고기	Hühnerfleisch
야채	Gemüse
돈	Geld
가격	Preis
할인	Rabatt
세일	Verkauf
값	Kosten
거스름돈	Wechselgeld
지폐	Geldschein (Papiergeld)
동전	Münze
지갑	Geldbörse
현금	Bargeld
신용카드	Kreditkarte
영수증	Quittung
카드 결제	Kartenzahlung
현금 결제	Barzahlung

Zählwörter

한 개	ein (Stück)
두 개	zwei (Stücke)
세 개	drei (Stücke)
네 개	vier (Stücke)
한 잔	eine (Tasse)
두 잔	zwei (Tassen)
세 잔	drei (Tassen)
네 잔	vier (Tassen)
한 마리	ein (Tier)
두 마리	zwei (Tiere)
세 마리	drei (Tiere)
한 병	eine (Flasche)
두 병	zwei (Flaschen)
세 병	drei (Flaschen)

Ausdrücke

이거 얼마예요?	Wie viel kostet das?
할인 받을 수 있어요?	Kann ich einen Rabatt bekommen?
현금으로 결제할게요	Ich werde in bar bezahlen
카드로 결제해 주세요	Bitte zahlen Sie mit Karte
거스름돈 주세요	Bitte geben Sie mir das Wechselgeld
다섯 개 주세요	Bitte geben Sie mir fünf Stück
총 얼마예요?	Wie viel ist die Gesamtsumme?
영수증 필요해요?	Benötigen Sie eine Quittung?

II. Konversation

A: 안녕하세요.

사과 세 개 주세요.

B: 네, 여기 있습니다.

총 가격은 천오백 원이에요.

A: 음… 조금 더 싸게

해 줄 수 있어요?

B: 알겠습니다. 천이백

원에 드릴게요.

A: 감사합니다. 오렌지

두 개도 사고 싶어요.

B: 네, 오렌지 두 개는

천 원이에요.

Hallo. Bitte geben
Sie mir drei Äpfel.
Ja, hier sind sie.
Die Gesamtkosten
betragen 1.500 Won.
Hmm… Könnten Sie es
etwas billiger machen?
In Ordnung. Ich gebe
es Ihnen für 1.200 Won.
Danke. Ich möchte auch
zwei Orangen kaufen.
Ja, zwei Orangen kosten 1.000 Won.

III. Grammatik

1. Objekte zählen: Substantiv + (Zählwort) + Zahl + 주세요

Verwende Substantiv + (Zählwort) + Zahl + 주세요 um eine bestimmte

Menge eines Artikels anzufordern.

Wie man benutzt

Substantiv + Zählwort + Zahl + 주세요

Z.B.:사과 세 개 주세요 **(Bitte geben Sie mir drei Äpfel).**

Beispiele

i. 사과 다섯 개 주세요.

ii.물 두 병 주세요.

iii. 빵 세 개 주세요.

iv. 커피 한 잔 주세요.

v. 계란 열 개 주세요.

2. Präferenz ausdrücken: ~고 싶다 (Etwas wollen)

Verwende ~고 싶다 um einen Wunsch oder eine Präferenz für etwas

auszudrücken.

Wie man benutzt

Verbstamm + 고 싶다

Z.B.:사고 싶어요 **(Ich möchte kaufen).**

Beispiele

i. 사과를 사고 싶어요.

ii. 저렴한 음식을 먹고 싶어요.

iii. 이 가방을 사고 싶어요.

iv. 우유 한 병을 사고 싶어요.

v. 할인된 물건을 사고 싶어요.

3. Rabatt oder niedrigeren Preis verlangen: (~ 가격) 좀 깎아 주세요

~가격 좀 깎아 주세요 ist eine höfliche Art, um einen Rabatt zu bitten.

Verwende dies beim Verhandeln eines niedrigeren Preises, besonders auf Märkten.

Wie man benutzt

Artikel + (~ 가격) 좀 깎아 주세요.

K.B.:사과 가격 좀 깎아 주세요. **(Bitte geben Sie mir einen Rabatt auf**

Beispiele **Äpfel.)**

i. 이거 가격 좀 깎아 주세요.

ii. 신발 가격 좀 깎아 주세요.

iii. 포도 가격 좀 깎아 주세요.

iv. 가격 좀 깎아 주세요.

v. 떡볶이 좀 싸게 해 주세요..

IV. Übung

1. Fülle die Lücken mit dem richtigen Zählwort aus

i. 사과 세 _____ 주세요.

ii. 친구 두 _____ 을 만날 거예요.

iii. 물 다섯 _____을 사고 싶어요.

iv. 강아지 한 _____ 를 키우고 있어요.

v. 책 네 _____ 을 사려고 해요.

2. Verbinde jeden Artikel in Spalte A mit dem richtigen Zählwort in Spalte B

Spalte A	Spalte B
i. 물	a) 마리
ii. 치킨	b) 명
iii. 사람	c) 병
iv. 수박	d) 권
v. 잡지	e) 개

3. Wähle das richtige Zählwort für jeden Artikel.

i. 배 다섯 _____ 사려고 해요. (fünf Birnen)

a) 개

b) 병

c) 권

ii. 친구 두 _____ 만났어요. (zwei Freunde)

a) 명

b) 병

c) 마리

iii. 콜라 세 _____ 주세요. (drei Flaschen Cola)

a) 개

b) 병

c) 권

iv. 책 네 _____ 빌렸어요. (vier Bücher)

a) 개

b) 마리

c) 권

v. 강아지 한 _____ 키우고 있어요. (ein Hund)

a) 마리

b) 개

c) 명

4. Ändere das Grammatikmuster

Anweisungen: Jeder Satz unten verwendet ein bestimmtes Grammatikmuster oder eine Phrase. Ändere jeden Satz gemäß der bereitgestellten Anweisung, indem du die richtige Form verwendest. Diese Übung hilft dir, zwischen verschiedenen Ausdrücken zu wechseln, die in einem Einkaufs- oder Zählkontext verwendet werden.

i. Original: 사과 두 개 주세요.

Ändern zu: Bitte um drei Äpfel statt zwei.

Antwort: _____

ii. Original: 물 네 병을 사고 싶어요.

Ändern zu: Frage, wie viel vier Flaschen Wasser kosten, unter Verwendung von 얼마예요?

Antwort: _____

iii. Original: 친구 세 명을 만났어요.

Ändern zu: Beschreibe, dass du fünf Freunde getroffen hast, anstatt drei.

Antwort: _____

iv. Original: 치킨 한 마리 주세요.

Ändern zu: Verwende 좀 깎아 주세요 um einen Rabatt auf ein ganzes Huhn zu erbitten.

Antwort: _____

v. Original: 책 세 권을 읽었어요.

Ändern zu: Beschreibe das Lesen von vier Büchern mit dem richtigen Zählwort für Bücher.

Antwort: _____

vi. Original: 수박 두 개 주세요.

Ändern zu: Bitte um drei Wassermelonen statt zwei.

Antwort: _____

Kapitel- 22

PLÄNE MIT FREUNDEN MACHEN

I. Vokabeln

약속	Plan
초대	Einladung
예약	Reservierung
모임	Treffen
파티	Party
일정	Zeitplan
시간	Zeit
날짜	Datum
장소	Ort
친구	Freund
선물	Geschenk
기념일	Jahrestag
만남	Treffen
축하	Feier
행사	Veranstaltung
계획	Plan
행복한	glücklich
기쁜	freudig
긴장된	nervös
편안한	bequem
확실한	sicher
준비된	vorbereitet

신나는	aufregend
고마운	dankbar
바쁜	beschäftigt
바라는	wünschend
만족스러운	zufrieden
기대되는	erwartungsvoll
달력	Kalender
메모	Notiz
메시지	Nachricht
전송	senden

Ausdrücke

약속을 잡다	Pläne machen
시간이 있나요?	Hast du Zeit?
같이 가실래요?	Möchtest du zusammen gehen?
언제 만날까요?	Wann sollen wir uns treffen?
초대해 주셔서 감사합니다	Danke für die Einladung
준비가 됐나요?	Bist du bereit?
확인해 주세요	Bitte bestätige
일정을 정합시다	Lass uns den Zeitplan festlegen
기대돼요	Ich freue mich darauf
정말 기대돼요	Ich freue mich wirklich darauf
미리 예약할게요	Ich werde im Voraus reservieren
무슨 일이 있나요?	Hast du etwas vor?

II. Konversation

A: 이번 주말에 친구들을 초대할까요?

B: 좋아요! 근데, 장소는 어디로 할까요?

A: 우리 집에서 하기로 했어요. 다들 편하게 올 수 있을 거예요.

B: 그럼, 제가 선물을 준비할게요. 시간은 언제로 정할까요?

A: 오후 3시로 정해요. 모두 기대할 거예요!

Sollen wir unsere Freunde dieses Wochenende einladen? Klingt gut! Aber wo sollen wir es veranstalten? Wir haben beschlossen, es bei mir zu Hause zu machen. Alle können bequem kommen. Dann werde ich ein Geschenk vorbereiten. Für welche Zeit sollen wir es ansetzen? Legen wir es auf 15 Uhr fest. Alle werden sich darauf freuen!

III. Grammatik

1. Vorschläge machen: (으)ㄹ까요? (Sollen wir? / Sollten wir?)

(으)ㄹ까요? wird verwendet, um Vorschläge zu machen oder zu fragen, ob die andere Person etwas tun möchte.

Wie man benutzt

Verbstamm + (으)ㄹ까요?

Z.B.: 만날까요? (Sollen wir uns treffen?)

Beispiele

i. 이번 주말에 만날까요?

ii. 기념일에 같이 식사할까요?

iii. 친구들을 초대할까요?

iv. 이 장소에서 만날까요?

v. 약속을 내일로 정할까요?

2. Umstände ausdrücken: ~는데/~은데

~는데/~은데 wird verwendet, um Hintergrundinformationen zu geben, Kontext hinzuzufügen oder Umstände zu erklären, oft als Einleitung zu einer Frage oder einem Vorschlag

Wie man benutzt

Verbstamm + 는데 / **Adjektivstamm** + 은데 **(für Wörter, die mit Konsonanten enden) oder** ㄴ데 **(für Wörter, die mit Vokalen enden).**

Z.B.: 바쁜데 약속을 미뤄도 될까요? (Ich bin beschäftigt; sollten wir den Termin verschieben?)

Beispiele

i. 오늘 날씨가 좋은데 같이 산책할래요?

ii. 저는 약간 긴장되는데 괜찮을까요?

iii. 저녁 식사가 예정되어 있는데 같이 가시겠어요?

iv. 친구가 바쁜데 다른 날 만날까요?

v. 저는 준비가 됐는데 당신은요?

3. Absichten ausdrücken: ~기로 하다 (Entscheiden, etwas zu tun)

~기로 하다 wird verwendet, um eine Entscheidung oder Absicht auszudrücken, etwas zu tun.

Wie man benutzt

Verbstamm + 기로 하다.

Z.B.: 만나기로 했어요 (Wir haben beschlossen, uns zu treffen).

Beispiele

i. 친구들과 저녁에 만나기로 했어요.

ii. 기념일을 다음 주에 축하하기로 했어요.

iii. 파티를 토요일에 열기로 했어요.

iv. 약속을 미루기로 했어요.

v. 새로운 일정을 정하기로 했어요.

IV. Übung

1. Vervollständige jeden Satz mit dem geeigneten Grammatikmuster aus (으)ㄹ까요?, ~는데/~은데, oder ~기로 하다.

i. 우리는 이번 주에 약속을 _____ 했어요.

ii. 주말에 친구들을 _____ ?

iii.   저는 그 장소가 조금 불편한데, 다른 곳에서 _____ ?

iv.   저녁에 같이 식사 _____ ?

v. 가족과 함께 기념일을 _____ 했어요.

2. Wähle das richtige Grammatikmuster, um jeden Satz angemessen zu vervollständigen.

i. 친구가 바쁜데 약속을 다음 주로 _____ ?

a) 초대할까요

b) 미루기로 했어요

c) 미룰까요

ii. 저는 오늘 준비가 안 됐는데, 내일 _____ ?

a) 할까요

b) 하기로 했어요

c) 초대할까요

iii. 가족들과 기념일을 주말에 _____ 했어요.

a) 만날까요

b) 정하기로

c) 축하하기로

iv. 이번 주말에 같이 산책 _____ ?

a) 하기로 했어요

b) 할까요

c) 하는데

v. 친구들과 저녁 식사를 _____ 했어요.

a) 초대할까요

b) 만날까요

c) 하기로

3. Transformiere jeden Satz wie angewiesen, indem du die im Kapitel vorgestellten Grammatikmuster verwendest.

i. Original: 저는 친구를 초대했어요.

Ändern zu: Frage, ob du einen Freund einladen solltest, unter Verwendung von (으)ㄹ까요?

Antwort: _____

ii. Original: 우리는 약속을 다음 달에 정하기로 했어요.

Ändern zu: Frage, ob ihr den Termin stattdessen für diese Woche planen solltet.

Antwort: _____

iii. Original: 저는 준비가 됐어요.

Ändern zu: Verwende ~는데 **um vorzuschlagen, dass du bereit bist und frage, ob die andere Person es auch ist**

Antwort: _____

iv. Original: 생일 파티를 다음 주에 열기로 했어요.

Ändern zu: Verwende (으)ㄹ까요? **um zu fragen, ob ihr die Party stattdessen diese Woche veranstalten solltet**

Antwort: _____

v. Original: 친구들과 기념일을 축하하기로 했어요.

Ändern zu: Verwende (으)ㄹ까요? **um zu fragen, ob ihr den Jahrestag mit Freunden feiern solltet.**

Antwort: _____

4. Übung zum Zuordnen von Einladungen und Antworten

Spalte A	Spalte B
i. 이번 주말에 같이 영화 볼까요?	a) 네, 다음 주에 파티하면 좋겠어요.
ii. 생일 파티를 다음 주에 열기로 했어요.	b) 네, 이번 주말에 영화 보러 갈게요.
iii. 새로운 약속을 정할까요?	c) 네, 모두 도착했어요.
iv. 친구가 바쁜데, 모임을 미룰까요?	d) 그럼 다음 주로 미룹시다.
v. 저는 준비가 됐는데, 다들 오셨나요?	e) 네, 새로 약속을 정해요.

Kapitel- 23

I. Vokabeln

금지	Verbot
흡연	Rauchen
음주	Alkoholkonsum
소란	Lärm
사진촬영	Fotografie
쓰레기	Müll
음식물	Essensabfälle
휴대폰	Mobiltelefon
주차	Parken
출입	Eintritt/Zugang
지각	Verspätung
무단 횡단	Unerlaubtes Überqueren
과속	Geschwindigkeitsüberschreitung
표지판	Schild
경고	Warnung
벌금	Geldstrafe
위반	Verstoß
규칙	Regel
질서	Anordnung
안전	Sicherheit
신호등	Ampel
도난	Diebstahl

위험	Gefahr
조용한	ruhig
거짓말	Lüge
불법	illegal
부주의	Unachtsamkeit
책임	Verantwortung
사고	Unfall
행동	Verhalten
비상구	Notausgang
주의	Vorsicht

Ausdrücke

여기서 하면 안 돼요	Das solltest du hier nicht tun
사진을 찍으면 안 돼요	Du darfst keine Fotos machen
음식을 먹으면 안 돼요	Essen ist nicht erlaubt
휴대폰 사용 금지입니다	Handynutzung verboten
출입 금지 구역 (이에요]	Gesperrter Bereich
여기서 뛰면 안 돼요)	Lauf hier nicht
쓰레기를 버리면 안 돼요	Wirf keinen Müll weg
금연 구역 (입니다)	Nichtraucherbereich
속도를 줄이세요	Reduziere deine Geschwindigkeit
조용히 해 주세요	Bitte sei leise
다른 사람에게 피해를 주지 마세요	Belästige andere nicht
무단 횡단하지 마세요	Kein unerlaubtes Überqueren
이곳은 위험합니다	Dieser Bereich ist gefährlich

II. Konversation

A: 여기서는 휴대폰을
사용하면 안 돼요.

B: 아, 그래요? 왜요?

A: 조용한 공간이니까 다른
사람들을 방해하면 안 돼요.

B: 알겠어요. 그럼, 여기서
쓰레기를 버려도 되나요?

A: 네, 쓰레기는 지정된 장소에
버려야 해요.

Du darfst hier kein Handy benutzen.

Oh, wirklich? Warum?

Es ist ein ruhiger Raum,

also solltest du andere nicht stören.

Ich verstehe.

Darf ich dann hier Müll wegwerfen?

Nein, Müll muss an

ausgewiesenen Stellen

entsorgt werden.

III. Grammatik

1. Verbote ausdrücken: (으)면 안 된다 (Sollte nicht / Darf nicht)

(으)면 안 된다 wird verwendet, um anzuzeigen, dass etwas verboten ist oder nicht erlaubt ist.

Wie man benutzt

Verbstamm + (으)면 안 된다

Z.B.: 뛰면 안 돼요 (Du darfst nicht rennen)

Beispiele

i. 여기에 쓰레기를 버리면 안 돼요.

ii. 도서관에서 소리 내면 안 돼요.

iii. 음식물은 반입하면 안 돼요.

iv. 이곳에서 담배를 피우면 안 돼요.

v. 이 구역에 들어가면 안 돼요.

2. Gründe angeben: ~(으)니까 (Weil/Da)

~(으)니까 wird verwendet, um den Grund oder die Ursache von etwas zu erklären, oft gefolgt von einem Verbot oder einer Vorsichtsmaßnahme.

Wie man benutzt

Verb/Adjektiv-Stamm + ~(으)니까

Z.B.: 위험하니까 가까이 가지 마세요 (Es ist gefährlich, also geh nicht in die Nähe)

Beispiele

i. 도서관이니까 조용히 해야 해요.

ii. 위험하니까 물건을 만지면 안 돼요.

iii. 금연 구역이니까 담배를 피우면 안 돼요.

iv. 다른 사람들이 있으니까 소리를 내지 마세요.

v. 여기에서는 음식을 먹으면 안 되니까 주의하세요.

3. Notwendigkeit oder Anweisungen ausdrücken: ~아야/어야 하다

~아야/어야 하다 wird verwendet, um auszudrücken, dass etwas getan werden muss oder getan werden sollte, oft in Bezug auf die Einhaltung von Regeln oder Sicherheitsanweisungen.

Wie man benutzt

Verbstamm + ~아야/어야 하다

Z.B.: 주의해야 해요 (You have to be cautious)

Beispiele

i. 교통 신호를 지켜야 해요.

ii. 안전을 위해 속도를 줄여야 해요.

iii. 이 구역에서는 주의를 기울여야 해요.

iv. 여기에서는 조용히 해야 해요.

v. 안전 장비를 착용해야 해요.

IV. Übung

1. Fülle die Lücken mit dem richtigen Grammatikmuster aus

i. 도서관에서는 소리를 내면 _____.

ii. 위험 _____ 보호 장비를 착용해야 해요.

iii. 이 구역은 금지 구역이니까 _____ 안 돼요.

iv. 주차 구역이 아니니까 여기에 주차 _____.

v. 횡단보도에서만 길을 건너야 _____.

2. Satzvervollständigung (mit Verboten und Anweisungen)

i. (으)면 안 된다: 여기에서는 _____ (담배를 피우다).

Antwort: _____

ii. ~(으)니까: 이곳은 위험 _____ (조심하다).

Antwort: _____

iii. ~아야/어야 하다: 쓰레기는 _____ (지정된 장소에 버리다).

Antwort: _____

iv. (으)면 안 된다: 박물관에서 _____ (소리를 내다).

Antwort: _____

3. Verbinde jede Aussage in Spalte A mit dem richtigen Verbot oder der richtigen Anweisung in Spalte B.

Spalte A	Spalte B
i. 도서관이니까	a) 피우면 안 돼요
ii. 위험하니까	b) 조용히 해야 해요
iii. 이곳에서 담배를	c) 가까이 가지 마세요
iv. 음식물을	d) 가지고 들어오면 안 돼요
v. 조용한 구역이니까	e) 소리 내면 안 돼요

4. Übersetze jeden Satz ins Koreanische mit (으)면 안 된다 für verbotene Handlungen.

i. Du darfst in der Bibliothek kein Essen zu dir nehmen.

Antwort: _____

ii. Es ist ein Krankenhaus, also darfst du keinen Lärm machen.

Antwort: _____

iii. Du darfst den gesperrten Bereich nicht betreten.

Antwort: _____

iv. Du solltest dein Telefon im Theater nicht benutzen.

Antwort: _____

v. Du darfst hier nicht parken.

Antwort: _____

Kapitel- 24

I. Vokabeln

연세	Alter (Höflichkeitsform)
성함	Name (Höflichkeitsform)
말씀	Worte/Rede (Höflichkeitsform)
진지	Mahlzeit (Höflichkeitsform)
댁	Haus (Höflichkeitsform)
편찮으시다	krank sein (Höflichkeitsform)
주무시다	schlafen (Höflichkeitsform)
드시다	essen/trinken (Höflichkeitsform)
계시다	sein/bleiben (Höflichkeitsform)
생신	Geburtstag (Höflichkeitsform)
자녀분	Kinder (Höflichkeitsform)
존함	Name (förmlich)
모시다	dienen (Höflichkeitsform)
여쭙다	respektvoll fragen
찾아뵙다	jemanden besuchen (Höflichkeitsform)
존경	Respekt
예절	Etikette
공손함	Höflichkeit
존댓말	förmliche Sprache
식사 예절	Tischmanieren
방문 예절	Besuchsetikette
인사	Gruß

배려	Rücksichtnahme
규칙	Regeln
존경심	Respekt
지키다	beachten (Regeln)
상석	Ehrenplatz
차례	Reihenfolge/Abfolge
성실함	Aufrichtigkeit
겸손	Bescheidenheit
양보	Nachgeben

Ausdrücke

안녕히 주무세요	Schlaf gut (Gute Nacht, Höflichkeitsform)
식사하셨어요?	Haben Sie gegessen?
연세가 어떻게 되세요?	Wie alt sind Sie? (Höflichkeitsform)
성함이 어떻게 되세요?	Wie ist Ihr Name? (Höflichkeitsform)
말씀해 주세요	Bitte sprechen Sie (Höflichkeitsform)
진지 드셨어요?	Haben Sie gegessen? (Höflichkeitsform)
편찮으세요?	Fühlen Sie sich unwohl? (Höflichkeitsform)
찾아뵙고 싶습니다	Ich würde Sie gerne besuchen
모셔 드릴게요	Ich werde Sie begleiten (Höflichkeitsform)
존경하고 있습니다	Ich respektiere Sie
시간을 내 주셔서 감사합니다	Danke, dass Sie sich Zeit genommen haben
잘 부탁드립니다	Bitte kümmern Sie sich um mich
예의를 지켜야 해요	Du solltest angemessene Manieren zeigen

II. Konversation

A: 할머니께서 식사하셨어요?   Hat Großmutter gegessen?

B: 네, 식사하셨다고 하셨어요.   Ja, sie sagte, dass sie gegessen hat.

할머니께서는 지금 주무세요.   Sie schläft jetzt.

A: 그렇군요. 제가 나중에   Ich verstehe. Ich werde sie später

찾아뵙고 인사드릴게요.   besuchen und sie begrüßen.

B: 네, 할머니께서도 기뻐하실   Ja, sie wird sich freuen,

거예요.   dich zu sehen.

III. Grammatik

1. Höflichkeitsformen: (으)시~ (Ehrerbietige Verbform)

(으)시 wird Verben hinzugefügt, um Respekt gegenüber dem Subjekt auszudrücken, üblicherweise wenn man sich auf jemanden bezieht, der älter ist oder eine höhere Position hat.

How to Use

Wie man benutzt + (으)시.

Z.B.: 가다 (gehen) → 가시다 (gehen, Höflichkeitsform)

Beispiele

i. 선생님께서 학교에 가세요.

ii. 어머님께서 식사하셨어요.

iii.   할아버지께서 주무세요.

iv.   부모님께서 여행을 가셨어요.

v. 할머니께서 말씀하셨어요.

2. Verpflichtung ausdrücken: ~아야/어야 되다/하다 (Muss/Sollte)

~아야/어야 되다/하다 wird verwendet, um eine Verpflichtung oder Notwendigkeit auszudrücken, bedeutet "muss" oder "sollte".

Wie man benutzt

Verbstamm + ~아야/어야 되다/하다

Z.B.:지키다 (beachten) → 지켜야 해요 (muss beachten)

Beispiele

i. 어른께 먼저 인사해야 해요.

ii. 예의를 지켜야 합니다.

iii. 다른 사람을 배려해야 해요.

iv. 약속을 지켜야 합니다.

v. 자리를 양보해야 합니다.

3. Indirekte Rede: ~라고 하다 (Sagen)

~라고 하다 wird verwendet, um indirekt zu zitieren, was jemand gesagt hat, was oft in höflicher Sprache verwendet wird, um Informationen respektvoll weiterzugeben.

Wie man benutzt

Zitat+ ~라고 하다

Z.B.:시간이 없다고 하셨어요 (Er/sie sagte, dass sie keine Zeit haben)

Beispiele

i. 선생님께서 내일 오신다고 하셨어요.

ii. 어머님께서 식사하셨다고 하셨어요.

iii. 친구가 늦을 거라고 했어요.

iv. 부모님이 여행 중이라고 하셨어요.

v. 할머니께서 진지를 드셨다고 하셨어요.

IV. Übung

1. **Vervollständige jeden Satz mit der richtigen Höflichkeitsform mit (으)시~**

i. 어머님께서 지금 집에 _____ (계시다).

Antwort: _____

ii. 선생님께서 학교에 _____ (가다).

Antwort: _____

iii. 할아버지께서 텔레비전을 _____ (보다).

Antwort: _____

iv. 부모님께서 여행을 _____ (**Vergangenheitsform** 가다).

Antwort: _____

v. 할머니께서 말씀을 _____ (**Vergangenheitsform** 하다).

Antwort: _____

2. Multiple Choice (Verpflichtung ausdrücken 아야/어야 되다/하다)

i. 어른께 _____ 해요. (Du musst Ältere begrüßen.)

a) 인사해야

b) 존경해야

c) 잊어버려야

ii. 약속을 _____ 합니다. (Du musst dein Versprechen halten.)

a) 깨야

b) 지켜야

c) 잃어버려야

iii. 다른 사람을 _____ 해요. (Du musst rücksichtsvoll gegenüber anderen sein.)

a) 보세요

b) 방해해야

c) 배려해야

iv. 예의를 _____ 해요. (Du musst Etikette befolgen.)

a) 지켜야

b) 깨어야

c) 없애야

v. 자리를 _____ 해야 합니다. (Du musst deinen Platz anbieten.)

a) 가져야

b) 양보해야

c) 버려야

3. Fülle die Lücken mit Verpflichtung (아야/어야 되다/하다)

i. 예의를 _____ 합니다. (beachten)

Antwort: _____

ii. 다른 사람들을 _____ 해요. **(rücksichtsvoll sein)**

Antwort: _____

iii. 약속을 _____ 합니다. **(halten)**

Antwort: _____

iv. 어른들을 _____ 해야 해요. **(Respekt zeigen)**

Antwort: _____

v. 교실에서는 _____ 해야 합니다. **(ruhig sein)**

Antwort: _____

4. Verbinde jede Standardform in Spalte A mit den richtigen Höflichkeitsausdrücken in Spalte B.

Spalte A	**Spalte B**
i. 나이	a) 성함
ii. 이름	b) 연세
iii. 집	c) 편찮으시다
iv. 밥	d) 진지
v. 아프다	e) 댁

5. Übersetzungsübung mit Etikette-Ausdrücken

i. Großmutter sagte, vorsichtig zu sein.

ii. Mutter sagte, gut zu essen.

iii. Der Lehrer sagte, dass er/sie dich morgen sehen wird.

iv. Ich muss Älteren meinen Platz anbieten.

v. Vater sagte, dass er auf Geschäftsreise geht.

Kapitel- 25

SCHULE UND STUDIUM

I. Vokabeln

공부	Studium
학습	Lernen
교육	Bildung
과목	Fach
교재/교과서	Lehrbuch
교실	Klassenraum
수업	Unterricht
강의	Vorlesung
과제	Aufgabe
시험	Prüfung
복습	Wiederholung
예습	Vorbereitung
질문	Frage
답변	Antwort
성적	Note
노트	Notiz
책상	Schreibtisch
교사	Lehrer
교수	Professor
학생	Student
교장	Schulleiter
장학금	Stipendium

연구	Forschung
조사	Umfrage
성공	Erfolg
실패	Misserfolg
졸업	Abschluss
입학	Eintritt/Zulassung
지식	Wissen
능력	Fähigkeit
목표	Ziel
성과	Leistung
숙제	Hausaufgabe
학기	Semester
문제	Problem/Frage
방법	Methode

Ausdrücke

질문 있어요?	Haben Sie eine Frage?
답변해 주세요	Bitte geben Sie eine Antwort
오늘의 과제는 무엇인가요?	Was ist die heutige Aufgabe?
성적이 어때요?	Wie sind deine Noten?
시험 준비 잘 하세요	Bereiten Sie sich gut auf die Prüfung vor
시험에 합격했어요	Ich habe die Prüfung bestanden
복습이 중요해요	Wiederholung ist wichtig
열심히 공부하세요	Lernen Sie fleißig

II. Konversation

A: 이번 시험은 준비하기 어려운 것 같아요.

Ich denke, es ist schwer, sich auf diese Prüfung vorzubereiten.

B: 맞아요. 그래서 좋은 성적을 받기 위해서 매일 복습하고 있어요.

Ich stimme zu.

Deshalb wiederhole ich jeden Tag, um gute Noten zu bekommen.

A: 저도요. 공부하면서 음악을 듣기도 해요.

Ich auch.

Ich höre auch Musik, während ich lerne.

B: 네, 도움이 되죠. 저희 모두 좋은 결과가 나오길 바라요.

Ja, das hilft. Ich hoffe, wir bekommen alle gute Ergebnisse.

III. Grammatik

1. Gleichzeitige Handlungen ausdrücken: (으)면서 (Während)

(으)면서 wird verwendet, um zwei gleichzeitig stattfindende Handlungen anzuzeigen, was "während" oder "indem" bedeutet.

Wie man benutzt
Verbstamm + (으)면서

Z.B.: 공부하면서 음악을 들어요 (Ich höre Musik, während ich lerne).

Beispiele

i. 노트를 정리하면서 강의를 들어요.

ii. 교과서를 읽으면서 복습해요.

iii. 문제를 풀면서 질문을 해요.

iv. 공부하면서 간식을 먹어요.

v. 숙제를 하면서 예습도 해요.

2. Leichtigkeit oder Schwierigkeit ausdrücken: -기 쉽다/어렵다

-기 쉽다 wird verwendet, um anzuzeigen, dass etwas leicht zu tun ist, während -기 어렵다 verwendet wird, um anzuzeigen, dass etwas schwer zu tun ist.

Wie man benutzt

Verbstamm + -기 쉽다/어렵다

Z.B.: 문제를 이해하기 어려워요 (Es ist schwer, das Problem zu verstehen).

Beispiele

i. 이 과목은 공부하기 쉬워요.

ii. 시험 준비하기 어렵네요.

iii. 문제를 푸는 것이 쉽지 않아요.

iv. 장학금은 받기 어렵지만 불가능한 것은 아니에요.

v. 이 교재는 읽기 쉬워서 좋아요.

3. Zweck ausdrücken: -기 위해서 (Um zu)

-기 위해서 wird verwendet, um Zweck oder Absicht auszudrücken, was "um zu" oder "zum Zweck von" bedeutet.

Wie man benutzt

Verbstamm + -기 위해서

Z.B.: 좋은 성적을 받기 위해서 열심히 공부해요

(Ich lerne fleißig, um gute Noten zu bekommen).

Beispiele

i. 장학금을 받기 위해서 열심히 공부해요.

ii. 시험에 합격하기 위해서 준비해요.

iii. 좋은 성적을 얻기 위해 복습을 해요.

iv. 목표를 이루기 위해 노력해요.

v. 지식을 넓히기 위해 많은 책을 읽어요.

IV. Übung

1. Ergänzen Sie die Lücken mit (으)면서 (Während)

i. 저는 시험 준비를 _____ 친구와 이야기를 해요. (하다)

Antwort: _____

ii. 수업을 _____ 노트를 정리해요. (듣다)

Antwort: _____

iii. 문제를 _____ 질문을 해요. (풀다)

Antwort: _____

iv. 교과서를 _____ 복습을 해요. (읽다)

Antwort: _____

v. 저는 도서관에서 공부를 _____ 음악을 들어요. (하다)

Antwort: _____

2. Multiple Choice (Verwendung von -기 쉽다/어렵다 für Leichtigkeit oder Schwierigkeit)

i. 이 교과서는 _____ (leicht zu lesen).

a) 읽기 쉬워요

b) 읽기 어려워요

c) 읽기 쉽지 않아요

ii. 시험 문제는 _____ (schwer zu lösen).

a) 풀기 쉬워요

b) 풀기 어려워요

c) 풀기 가능해요

iii. 영어 단어를 매일 공부하면 _____ (leicht zu merken).

a) 외우기 어려워요

b) 외우기 쉬워요

c) 외우기 필요해요

iv. 이 과제는 _____ (eine Herausforderung zu erledigen).

a) 완성하기 쉬워요

b) 완성하기 어려워요

c) 완성하기 편해요

v. 교과서가 복잡해서 _____ (schwer zu verstehen).

a) 이해하기 쉬워요

b) 이해하기 어려워요

c) 이해하기 필요해요

3. Übersetzungsübung mit Zweck (-기 위해서)

i. **Ich lerne fleißig, um die Prüfung zu bestehen.**

Antwort: _____

ii. Sie liest Bücher, um mehr Wissen zu erlangen.

Antwort: _____

iii. Sie üben jeden Tag, um ihre Fähigkeiten zu verbessern.

Antwort: _____

iv. Ich mache meine Hausaufgaben, um eine gute Note zu bekommen.

Antwort: _____

v. Er stellt Fragen, um die Lektion besser zu verstehen.

Antwort: _____

4. Ordnen Sie jede studienbezogene Aktivität in Spalte A der passenden Erklärung in Spalte B zu.

Spalte A	Spalte B
i. 수업을 들으면서	a) 교재를 복습해요
ii. 시험을 준비하기 위해서	b) 쉽게 이해할 수 있어요
iii. 공부하면서	c) 선생님의 설명을 듣고 있어요
iv. 예습을 하면	d) 열심히 공부해야 해요
v. 장학금을 받기 위해서	e) 선생님께 물어볼 수 있어요

5. Ordnen Sie die Wörter in jedem Satz, um einen grammatikalisch korrekten Satz zu bilden.

i. 공부를 / 들어요 / 저는 / 하면서 / 음악을

Antwort: _____

ii. 복습을 / 해요 / 교과서를 / 읽으면서

Antwort: _____

iii. 필기를 / 정리해요 / 강의를 / 들으면서

Antwort: _____

iv. 문제를 / 친구와 / 질문을 / 풀면서 / 해요

Antwort: _____

v. 저는 / 들으면서 / 노트를 / 정리해요 / 수업을

Antwort: _____

Kapitel- 26

GESUNDHEIT UND WOHLBEFINDEN

I. Vokabeln

머리	Kopf
얼굴	Gesicht
눈	Auge
코	Nase
입	Mund
귀	Ohr
목	Hals/Kehle
어깨	Schulter
팔	Arm
손	Hand
손목	Handgelenk
발	Fuß
다리	Bein
무릎	Knie
허리	Taille
가슴	Brust
배	Bauch
등	Rücken
손가락	Finger
발가락	Zeh

두통	Kopfschmerzen
열	Fieber
기침	Husten
콧물	laufende Nase
목 아픔	Halsschmerzen
복통	Bauchschmerzen
어지러움	Schwindel
근육통	Muskelschmerzen
피곤함	Müdigkeit
소화 불량	Verdauungsstörung
몸살	Gliederschmerzen
열이 나다	Fieber haben
배가 아프다	Bauchschmerzen haben
토하다	erbrechen
재채기	niesen
눈이 아픔	Augenschmerzen
가래	Auswurf
땀이 나다	schwitzen
무기력	Lethargie

Ausdrücke

어디가 아프세요?	Wo tut es weh?
열이 있어요?	Haben Sie Fieber?
기침이 나요	Ich habe Husten
의사와 상담해야 해요	Sie sollten einen Arzt konsultieren

약을 드세요	Nehmen Sie die Medizin
진료를 받으세요	Lassen Sie sich untersuchen
차가운 음식을 먹지 마세요	Essen Sie keine kalten Speisen
안정을 취하세요	Ruhen Sie sich aus
몸이 안 좋네요	Sie sehen nicht gut aus
너무 무리하지 마세요	Überanstrengen Sie sich nicht
물을 많이 드세요	Trinken Sie viel Wasser
규칙적인 식사를 하세요	Essen Sie regelmäßige Mahlzeiten
스트레스를 피하세요	Vermeiden Sie Stress

II. Konversation

A: 어디가 아프세요?

B: 머리가 아프고 열이 나요.

A: 열이 있으면 병원에 가는 게 좋아요. 약을 먹은 후에 푹 쉬세요.

B: 네, 알겠습니다. 차가운 음식을 먹지 않을게요. 감사합니다.

Wo tut es weh?

Ich habe Kopfschmerzen und Fieber.

Wenn Sie Fieber haben, ist es besser, zur Klinik zu gehen.

Ruhen Sie sich aus, nachdem Sie die Medizin genommen haben.

Ja, ich verstehe. Ich werde keine kalten Speisen essen. Vielen Dank.

III. Grammatik

1. Handlungen nach einem Ereignis beschreiben: -(으)ㄴ 후에 (Nachdem)

-(으)ㄴ 후에 wird verwendet, um eine Handlung zu beschreiben, die nach etwas anderem geschieht. Die Form variiert je nachdem, ob ein Substantiv, Verb oder Zeitausdruck verwendet wird.

Wie man benutzt

- **Verbstamm + -(으)ㄴ 후에**

Z.B.:식사한 후에 약을 드세요 (Nehmen Sie die Medizin nach einer Mahlzeit)

- **Substantiv + 후에**

Z.B.:치료 후에 푹 쉬세요 (Ruhen Sie sich nach der Behandlung gut aus)

- **Zeitausdruck + 후에**

Z.B.:한 시간 후에 돌아오세요 (Kommen Sie nach einer Stunde zurück)

Beispiele

i. 진찰을 받은 후에 약을 드세요.

ii. 운동한 후에 스트레칭을 하세요.

iii. 수술 후에 조심하세요.

iv. 두통이 나아진 후에 출근하세요.

v. 약을 먹은 후에 물을 많이 마시세요.

2. Höfliches Verbot: -지 마세요 (Bitte nicht)

-지 마세요 wird verwendet, um jemanden höflich zu bitten, etwas nicht zu tun.

Wie man benutzt

Verbstamm + -지 마세요

Z.B.:너무 무리하지 마세요 (Überanstrengen Sie sich nicht)

Beispiele

i. 차가운 음식을 먹지 마세요.

ii. 무리하지 마세요.

iii. 몸이 안 좋으면 운동하지 마세요.

iv. 소리를 지르지 마세요.

v. 짠 음식을 많이 먹지 마세요.

3. Einen Vorschlag zur Linderung machen: -는 게 좋다 (Es ist besser zu)

-는 게 좋다 wird verwendet, um einen Vorschlag zu machen oder einen Rat zu geben, oft im Zusammenhang mit Gesundheit oder Wohlbefinden.

Wie man benutzt

Verbstamm + -는 게 좋다

Z.B.: 쉬는 게 좋다 (Es ist besser, sich auszuruhen)

Beispiele

i. 열이 있으면 병원에 가는 게 좋아요.

ii. 피곤할 때는 쉬는 게 좋아요.

iii. 기침이 날 때는 따뜻한 차를 마시는 게 좋아요.

iv. 무리하지 말고 편안하게 쉬는 게 좋습니다.

v. 두통이 있으면 조용한 곳에서 쉬는 게 좋아요.

IV. Übung

1. Ergänzen Sie die Lücken mit -(으)ㄴ 후에 (Nachdem)

i. 식사 _____ 약을 드세요.

ii. 진료를 받은 _____ 집에 가세요.

iii. 운동 _____ 물을 많이 마시세요.

iv. 약을 먹은 _____ 푹 쉬세요.

v. 잠을 잔 _____ 기분이 나아질 거예요.

2. Ergänzen Sie die Lücken mit -지 마세요 (Nicht)

i. 열이 있을 때는 무리하지 _____.

Antwort: _____

ii. 목이 아플 때는 차가운 음료를 마시지 _____.

Antwort: _____

iii. 배가 아플 때는 기름진 음식을 먹지 _____.

Antwort: _____

iv. 감기에 걸렸을 때는 찬바람을 쐬지 _____.

Antwort: _____

v. 두통이 있을 때는 소리를 지르지 _____.

Antwort: _____

3. Vervollständigen Sie jeden Satz mit -는 게 좋다 um Rat zu geben.

i. 두통이 있으면 조용한 곳에서 _____. (Es ist besser, sich auszuruhen)

Antwort: _____

ii. 감기에 걸렸을 때는 따뜻한 차를 _____. (Es ist besser zu trinken)

Antwort: _____

iii. 피곤할 때는 일찍 _____. (Es ist besser zu schlafen)

Antwort: _____

iv. 몸이 안 좋으면 집에서 _____. (Es ist besser zu bleiben)

Antwort: _____

v. 열이 있을 때는 병원에 _____. (Es ist besser zu gehen)

Antwort: _____

4. Ordnen Sie Spalte A mit Spalte B zu.

Spalte A	Spalte B
i. 두통이 있을 때	a) 따뜻한 차를 마시는 게 좋아요
ii. 열이 높을 때	b) 푹 쉬는 게 좋아요
iii. 목이 아플 때	c) 병원에 가는 게 좋아요
iv. 피곤할 때	d) 조용한 곳에서 쉬세요
v. 배가 아플 때	e) 찬 음식을 먹지 마세요

5. Vervollständigen Sie die Sätze mit den angegebenen Vokabeln und der Grammatik.

Vokabeln	Grammatik
머리 ,약	-(으)ㄴ 후에
기침 ,목	-지 마세요
두통, 식사	-는 게 좋다

i. _____이 아프면 조용한 곳에서 쉬는 _____.

ii. 피곤할 때는 푹 쉬고 물을 많이 마시는 _____.

iii. 감기에 걸렸을 때는 따뜻한 차를 마시는 _____.

iv. 진료를 받은 _____ 집에서 푹 쉬세요.

v. _____이 나면 병원에 가는 게 좋습니다.

vi. _____이 있으면 찬 음료를 마시지 _____.

vii. ___를 한 ___ 약을 드세요.

viii. _____가 아프면 차가운 음식을 먹지 _____.

Kapitel- 27
WEGBESCHREIBUNGEN

I. Vokabeln

왼쪽	links
오른쪽	rechts
앞	vorne
뒤	hinten
위	oben/über
아래	unten/unter
안	innen
밖	außen
건너편	gegenüber von
맞은편	gegenüberliegende Seite
옆	neben
가까이	in der Nähe
멀리	weit
모퉁이/코너	Ecke
횡단보도	Zebrastreifen
교차로	Kreuzung
신호등	Ampel
지하	Untergeschoss
층	Etage
엘리베이터	Aufzug
계단	Treppe
입구	Eingang

출구	Ausgang
길	Straße
건물	Gebäude
방향	Richtung
사거리	Vierwegekreuzung
길가	Straßenseite
도보	zu Fuß

Ausdrücke

어디로 가야 해요?	Wohin soll ich gehen?
이 근처에 있어요?	Ist es in der Nähe?
몇 층에 있어요?	In welchem Stock ist es?
길을 알려 주세요	Bitte zeigen Sie mir den Weg
엘리베이터를 타세요	Nehmen Sie den Aufzug
계단으로 올라가세요	Gehen Sie die Treppe hinauf
여기에서 가까운가요?	Ist es von hier aus nah?
얼마나 멀어요?	Wie weit ist es?
오른쪽으로 돌아가세요	Biegen Sie rechts ab
횡단보도를 건너세요	Überqueren Sie den Zebrastreifen
이 길을 따라가세요	Folgen Sie dieser Straße
출구는 어디에 있어요?	Wo ist der Ausgang?
지하 1층에 있습니다	Es ist im ersten Untergeschoss

II. Konversation

A: 혹시 여기서 엘리베이터가 어디에 있습니까?

B: 엘리베이터는 저쪽 왼쪽에 있습니다. 몇 층에 가실 겁니까?

A: 3층에 있는 도서관에 가려고 합니다.

B: 그럼 3층에 도착한 후에 오른쪽으로 가세요. 도서관이 보일 거예요.

A: 네, 감사합니다.

Wissen Sie, wo sich der Aufzug von hier aus befindet?

Der Aufzug ist dort links.

In welchen Stock möchten Sie fahren?

Ich möchte zur Bibliothek im 3. Stock.

Dann gehen Sie nach Erreichen des 3. Stocks nach rechts.

Sie werden die Bibliothek sehen.

Ja, vielen Dank.

III. Grammatik

1. Bedingungssätze mit -면 (Wenn) unter Verwendung von 혹시 und 만일

-면 wird verwendet, um Bedingungssätze zu bilden, die "wenn" bedeuten. Das Hinzufügen von 혹시 oder 만일 macht den Satz höflicher oder fügt einen Sinn für Möglichkeit hinzu.

Wie man benutzt

- **Verb/Adjektiv + -면**
- **혹시 oder 만일 kann am Anfang zur Betonung hinzugefügt werden.**

K.B.: 혹시 오른쪽으로 가면 출구가 있어요?

(Wenn Sie nach rechts gehen, gibt es einen Ausgang?)

Beispiele

i. 혹시 왼쪽으로 가면 계단이 있나요?

ii. 만일 지하에 있으면 어떻게 가야 해요?

iii. 이 길을 따라가면 교차로가 나와요.

iv. 혹시 신호등이 보이면 거기서 왼쪽으로 가세요.

v. 혹시 출구를 찾으면 저에게 알려 주세요.

2. Höfliche Anfragen und Aussagen: ㅂ/습니까? und -ㅂ/습니다

ㅂ/습니까? wird verwendet, um höfliche Fragen zu bilden, während -ㅂ/습니다 für höfliche Aussagen verwendet wird, oft bei Wegbeschreibungen oder in formellen Situationen.

Wie man benutzt

- **Verbstamm + ㅂ/습니까? für Fragen**
- **Verbstamm + -ㅂ/습니다 für Aussagen**

Z.B.: 여기에서 왼쪽으로 가면 엘리베이터가 있습니까?

(Wenn Sie von hier aus nach links gehen, gibt es einen Aufzug?)

Beispiele

i. 3층에 병원이 있습니까?

ii. 계단은 저쪽에 있습니다.

iii. 2층으로 올라가면 입구가 보입니까?

iv. 오른쪽으로 가면 출구가 있습니다.

v. 이 건물에 화장실이 있습니까?

3. Ausdrücken von Ort und Existenz mit -에 있다/없다 (Sein/Nicht sein an einem Ort)

ㅂ/습니까? wird verwendet, um höfliche Fragen zu bilden, während -ㅂ/습니다 für höfliche Aussagen verwendet wird, oft bei Wegbeschreibungen oder in formellen Situationen.

Wie man benutzt

- **Substantiv + -에 있다/없다**

Z.B.: 엘리베이터는 지하 1층에 있어요.

(Der Aufzug ist im ersten Untergeschoss.)

Beispiele

i. 도서관은 2층에 있어요.

ii. 출구는 이쪽에 없습니다.

iii. 엘리베이터는 오른쪽에 있습니다.

iv. 1층에 안내 데스크가 있어요.

v. 화장실은 복도 끝에 있어요.

IV. Übung

1. Verbinde die Wegbeschreibungen und Antworten

Spalte A	Spalte B
i. 혹시 엘리베이터가 어디에 있습니까?	a) 네, 2층에 약국이 있습니다.
ii. 이 길을 따라가면 무엇이 있습니까?	b) 계단 대신 엘리베이터를 타세요.
iii. 만일 계단이 없다면 어떻게 해야 해요?	c) 엘리베이터는 입구 옆에 있습니다.
iv. 2층에 약국이 있습니까?	d) 첫 번째 모퉁이에서 오른쪽으로 가세요.
v. 3층에 도착한 후에 어디로 가야 합니까?	e) 교차로가 나옵니다.

2. Fülle die Lücken mit dem richtigen Grammatikmuster aus

i. 혹시 출구를 찾으면 저에게 _____.

Antwort: _____

ii. 1층에 약국이 _____?

Antwort: _____

iii. 엘리베이터는 2층에 _____.

Antwort: _____

iv. 이 길을 따라가면 교차로가 _____.

Antwort: _____

v. 이 건물에 주차장이 _____?

Antwort: _____

3. Übersetzungsübung mit Grammatik und Vokabeln

i. Wenn du in den zweiten Stock gehst, gibt es dort eine Toilette?

Antwort: _____

ii. Bitte sag mir, wo der Ausgang ist.

Antwort: _____

iii. Gibt es eine Apotheke im Erdgeschoss?

Antwort: _____

iv. Der Aufzug ist in der Nähe des Eingangs.

Antwort: _____

v. Nachdem du den dritten Stock erreicht hast, bieg links ab.

Antwort: _____

4. Wähle das richtige Vokabelwort, um jeden Satz zu vervollständigen.

i. 왼쪽에 있는 _____을(를) 지나가세요.

a) 입구

b) 교차로

c) 엘리베이터

ii. 이 길을 따라가면 _____가 나옵니다.

a) 사거리

b) 계단

c) 지하

iii. 도서관은 길 ___에 있습니다.

a) 맞은편에

b) 옆에

c) 건너편

iv. 건물의 _____에서 엘리베이터를 찾으세요.

a) 길가

b) 입구

c) 교차로

v. _____에서 오른쪽으로 돌면 화장실이 있습니다.

a) 계단

b) 코너

c) 길

5. Verwende die unten stehenden Optionen, um jeden Satz basierend auf dem gegebenen Szenario zu vervollständigen.

Optionen

왼쪽에 있어요, 오른쪽으로 도세요, 건너편에 있어요

계단을 내려가세요, 옆에 있어요

Fragen:

i. "Entschuldigung, wo ist die Bank?"

Kontext: Die Bank befindet sich direkt gegenüber von dem Ort, an dem Sie stehen

Antwort: _____

ii. "Wo ist der Ausgang des Gebäudes?"

Kontext: Nachdem Sie geradeaus gegangen sind, müssen Sie rechts abbiegen, um den Ausgang zu finden.

Antwort: _____

iii. "Ich habe den Aufzug in den 2. Stock genommen. Wo muss ich jetzt hin, um die Toilette zu finden?"

Kontext: Nach Erreichen des 2. Stocks befindet sich die Toilette auf Ihrer linken Seite.

Antwort: _____

iv. "Ich muss die Bibliothek im 1. Stock finden. Wie komme ich dorthin?"

Kontext: Der Eingang zur Bibliothek befindet sich am Fuß der Treppe im 1. Stock.

Antwort: _____

v. "Wo kann ich die Apotheke in diesem Gebäude finden?"

Kontext: Die Apotheke befindet sich direkt neben dem Informationsschalter.

Antwort: _____

Kapitel- 28

BANK UND FINANZEN

I. Vokabeln

계좌	Konto
통장	Bankbuch
은행	Bank
ATM	Geldautomat
카드	Karte
비밀번호	Passwort
입금	Einzahlung
출금	Abhebung
송금	Überweisung
환전	Währungsumtausch
잔액	Kontostand
수수료	Gebühr
이자	Zinsen
직원	Mitarbeiter
번호표	Nummernschein
신분증	Ausweis
도장	Siegel/Stempel
체크카드	EC-Karte
현금	Bargeld
통장정리	Bankbuch-Aktualisierung

자동이체	automatische Überweisung/Zahlungen
현금인출기	Geldautomat
인터넷뱅킹	Online-Banking
영업시간	Geschäftszeiten
대기시간	Wartezeit

Ausdrücke

계좌를 만들려고 해요	Ich möchte ein Konto eröffnen
현금을 입금하고 싶어요	Ich möchte Bargeld einzahlen
잔액이 얼마인가요?	Wie hoch ist der Kontostand?
비밀번호를 입력해 주세요	Bitte geben Sie Ihr Passwort ein
수수료가 얼마예요?	Wie hoch ist die Gebühr?
이자율이 어떻게 되나요?	Wie sind die Zinssätze?
번호표를 뽑아 주세요	Bitte nehmen Sie einen Nummernschein
도장이 필요해요	Ich brauche einen Stempel
대기 시간이 얼마나 돼요?	Wie lange ist die Wartezeit?
송금을 할 수 있나요?	Kann ich eine Überweisung tätigen?
체크카드를 발급해 주세요	Bitte stellen Sie mir eine EC-Karte aus
ATM에서 출금하려고 해요	Ich möchte Geld am Geldautomaten abheben
현금인출기 어디에 있어요?	Wo ist der Geldautomat?
통장 정리를 해야 해요	Ich muss mein Bankbuch aktualisieren

II. Konversation

A: 안녕하세요. 계좌를 만들려고 하는데요.

Hallo. Ich möchte ein Konto eröffnen.

B: 안녕하세요. 신분증을 가져오셨나요?

Hallo. Haben Sie Ihren Ausweis mitgebracht?

A: 네, 여기 있습니다.

Ja, hier ist er.

B: 그럼, 번호표를 뽑으시면 돼요. 번호가 불리면 도장도 필요합니다.

Dann nehmen Sie bitte einen Nummernschein. Wenn Ihre Nummer aufgerufen wird, benötigen Sie auch einen Stempel. Ja, vielen Dank.

A: 네, 감사합니다.

III. Grammatik

1. Absicht ausdrücken: -(으)려고 (Um zu/Beabsichtigen zu)

-(으)려고 wird verwendet, um die Absicht des Sprechers auszudrücken, etwas zu tun oder eine geplante Handlung, bedeutet "zu tun" oder "um zu tun."

Wie man benutzt
Verbstamm + -(으)려고

Z.B.: 계좌를 만들려고 해요 (Ich beabsichtige, ein Konto zu eröffnen)

Beispiele

i. 체크카드를 발급받으려고 은행에 갔어요.

ii. 출금하려고 ATM을 찾고 있어요.

iii. 통장을 정리하려고 은행에 방문했어요.

iv. 송금을 하려고 직원에게 문의했어요.

v. 계좌를 확인하려고 비밀번호를 입력했어요.

2. Einfache Bedingungen mit -(으)면 되다

-(으)면 되다 wird verwendet, um auszudrücken, dass etwas unter bestimmten Bedingungen getan werden kann oder wenn eine bestimmte Handlung ausgeführt wird, bedeutet "Wenn Sie ___ tun, ist es in Ordnung."

Wie man benutzt

Verbstamm + -(으)면 되다

Z.B.: 비밀번호를 입력하면 돼요 (Sie müssen nur Ihr Passwort eingeben)

Beispiele

i. 신분증을 가져오면 돼요.

ii. 통장을 제출하면 계좌 확인이 돼요.

iii. ATM에서 송금하면 돼요.

iv. 비밀번호를 입력하면 출금이 가능해요.

v. 번호표를 뽑으면 직원이 부를 거예요.

3. Höfliche Bitten und Befehle: -아/어 주세요 (Bitte tun Sie)

-아/어 주세요 wird verwendet, um jemanden höflich zu bitten, etwas für Sie zu tun, wie z.B. eine Bitte zu stellen oder um Hilfe zu bitten.

Wie man benutzt

Verbstamm + -아/어 주세요

Z.B.: 도장을 찍어 주세요 (Bitte stempeln Sie es für mich)

Beispiele

i. 현금을 입금해 주세요.

ii. 통장 정리를 해 주세요.

iii. 체크카드를 발급해 주세요.

iv. 계좌를 확인해 주세요.

IV. Übung

1. Wähle basierend auf jedem Szenario die passendste Handlung aus den angegebenen Optionen.

Optionen:
- 번호표를 뽑으세요
- 통장을 정리해 주세요
- 잔액을 확인해 주세요
- 체크카드를 발급해 주세요
- 비밀번호를 입력하세요

i. Sie möchten wissen, wie viel Geld auf Ihrem Konto ist.
Antwort: _____

ii. Sie sind in der Bank und müssen auf Ihren Termin warten.
Antwort: _____

iii. Sie möchten eine EC-Karte für Ihr Konto erhalten.
Antwort: _____

iv. Der Mitarbeiter bittet Sie, Ihre Identität am Geldautomaten zu bestätigen.
Antwort: _____

v. Sie möchten sicherstellen, dass Ihr Bankbuch auf dem neuesten Stand ist.
Antwort: _____

2. Wähle die richtige höfliche Bitte mit -아/어 주세요

i. Sie möchten Ihr Bankbuch aktualisieren.

a) 통장을 정리해 주세요

b) 계좌를 확인해 주세요

c) 송금을 해 주세요

ii. Sie benötigen Hilfe beim Währungsumtausch.

a) 비밀번호를 입력해 주세요

b) 환전을 도와주세요

c) 현금을 입금해 주세요

iii.. Sie möchten Ihren Kontostand überprüfen.

a) 송금을 도와주세요

b) 잔액을 확인해 주세요

c) 통장을 만들어 주세요

iv. Sie benötigen eine neue EC-Karte.

a) 체크카드를 발급해 주세요

b) 통장 정리를 해 주세요

c) 수수료를 계산해 주세요

v. v. Sie möchten, dass der Kassierer Bargeld für Sie einzahlt.

a) 계좌를 열어 주세요

b) 현금을 입금해 주세요

c) 계좌를 정리해 주세요

3. Übersetze jeden Satz ins Koreanische mit -(으)면 되다.

i. Just take a number ticket and wait.

ii. If you enter your PIN, you can withdraw money.

iii. If you have your ID, you can open an account.

iv. You just need to press the keypad.

v. If you submit your bankbook, you can check the balance.

4. Verbinde jede Frage in Spalte A mit der passendsten Antwort in Spalte B

Spalte A	Spalte B

Spalte A

i. 이 계좌의 잔액이 얼마입니까?

ii. 계좌를 만들려면 무엇이 필요합니까?

iii. 송금하려면 어디로 가야 합니까?

iv. 수수료는 얼마입니까?

v. 통장을 잃어버리면 어떻게 해야 합니까?

Spalte B

a) 직원에게 문의해 주세요.

b) 신분증이 필요합니다.

c) 잔액을 확인해 드릴게요.

d) 은행에 직접 오셔야 합니다.

e) 수수료는 송금 금액에 따라 달라집니다.

Kapitel- 29

I. Vokabeln

소포	Paket
우편	Post
우체국	Postamt
우편물	Postsendung
우편함	Briefkasten
우편번호	Postleitzahl
택배	Kurier
배송	Lieferung
발송	Sendung
수신인	Empfänger
보내다	senden
받다	empfangen
주소	Adresse
송장	Rechnung
배달	Zustellung
수령	Abholung
반송	Rücksendung
발송비/배송비	Versandkosten
포장	Verpackung
특급	Express
등기	Einschreiben
봉투	Umschlag

요금	Gebühr
분실	Verlust
운송장	Frachtbrief
서명	Unterschrift
배송 조회	Sendungsverfolgung

Ausdrücke

우편물을 보내려고 해요	Ich möchte eine Postsendung verschicken
소포를 받고 싶어요	Ich möchte ein Paket empfangen
수신인 이름을 적어 주세요	Bitte schreiben Sie den Namen des Empfängers
배송비는 얼마인가요?	Wie hoch sind die Versandkosten?
특급 배송으로 보내 주세요	Bitte senden Sie es per Expresslieferung
주소를 정확히 써 주세요	Bitte schreiben Sie die Adresse genau
포장해 주세요	Bitte verpacken Sie es
언제 도착할까요?	Wann wird es ankommen?
서명해 주세요	Bitte unterschreiben Sie
분실되면 어떻게 해야 하나요?	Was soll ich tun, wenn es verloren geht?
반송이 가능한가요?	Ist eine Rücksendung möglich?
우체국은 어디에 있어요?	Wo ist das Postamt?
송장 번호를 알려 주세요	Bitte teilen Sie mir die Sendungsnummer mit

II. Konversation

A: 안녕하세요, 소포를 보내려고 합니다.

Hallo, ich möchte ein Paket versenden.

B: 네, 수신인 이름과 주소를 적어 주십시오.

Ja, bitte schreiben Sie den Namen und die Adresse des Empfängers.

A: 네, 그리고 특급으로 보내 주세요.

In Ordnung, und bitte senden Sie es per Express.

B: 알겠습니다. 배송비는 5,000원입니다. 요금을 지불해 주십시오.

Verstanden. Die Versandkosten betragen 5.000 Won.

Bitte bezahlen Sie die Gebühr.

A: 여기 있습니다. 언제 도착할까요?

Hier bitte. Wann wird es ankommen?

B: 내일 도착할 예정입니다. 감사합니다.

Es sollte morgen ankommen.

Vielen Dank.

III. Grammatik

1. Richtung oder Mittel ausdrücken: -(으)로 (Mit/Durch/Nach)

-(으)로 wird verwendet, um eine Richtung, ein Mittel oder eine Methode anzugeben und bedeutet "durch", "mit" oder "nach."

Wie man benutzt

Substantiv + -(으)로

Z.B.: 우체국으로 가세요 (Gehen Sie zum Postamt)

Beispiele

i. 우체국으로 가서 소포를 보내세요.

ii. 이 소포를 등기로 보내 주세요.

iii. 우편번호를 사용해서 주소를 입력하세요.

iv. 택배로 배송할 수 있나요?

v. 이 소포를 특급으로 보내고 싶어요.

2. Höfliche Bitten oder Befehle: -(으)십시오

-(으)십시오 ist eine höfliche Befehlsform, die oft in formellen Situationen wie im Postdienst verwendet wird, um jemanden zu bitten oder anzuweisen, etwas zu tun.

Wie man benutzt

Verbstamm + -(으)십시오

Z.B.: 주소를 확인하십시오 (Bitte überprüfen Sie die Adresse)

Beispiele

i. 서명해 주십시오.

ii. 주소를 정확히 써 주십시오.

iii. 송장 번호를 확인하십시오.

iv. 요금을 지불하십시오.

v. 우편번호를 적으십시오.

3. Notwendigkeit oder Anforderung ausdrücken: -아/어야 하다

-아/어야 하다 wird verwendet, um auszudrücken, dass etwas getan werden muss oder notwendig ist.

Wie man benutzt

Verbstamm + -아/어야 하다

Z.B.: 수신인 이름을 적어야 해요 (Sie müssen den Namen des Empfängers schreiben)

Beispiele

i. 주소를 정확히 적어야 해요.

ii. 요금을 지불해야 합니다.

iii. 송장 번호를 확인해야 해요.

iv. 소포를 받으려면 신분증이 있어야 해요.

v. 반송하려면 원래 포장이 있어야 해요.

IV. Übung

1. Füllen Sie jede Lücke mit dem richtigen Wort oder Grammatikmuster aus den angegebenen Vokabeln aus.

> 송장 (Frachtbrief), 요금 (Gebühr), 특급 (Expressversand),
> 우체국 (Post), 서명 (Unterschrift)

i. 소포를 보내기 전에 _____을 지불해야 합니다.

ii. 이 소포를 _____으로 보내 주세요. 빨리 도착해야 해요.

iii. 소포를 찾으려면 _____ 번호를 확인하세요.

iv. 반드시 _____을 해야 소포를 수령할 수 있습니다.

v. 소포를 보내려면 _____에 가서 접수해 주세요

2. Wählen Sie die richtige Form mit -(으)십시오

i. Der Kunde muss den Namen des Empfängers schreiben.

a) 수신인 이름을 적어 주십시오

b) 송장 번호를 확인하십시오

c) 요금을 확인하십시오

ii. Die Adresse muss deutlich geschrieben werden.

a) 서명해 주십시오

b) 주소를 써 주십시오

c) 주소를 정확히 적어 주십시오

iii. Der Kunde muss die Sendungsverfolgungsnummer überprüfen.

a) 요금을 찍으십시오

b) 송장 번호를 확인하십시오

c) 수신인 이름을 찍으십시오

iv. Der Kunde sollte die Versandkosten bezahlen.

a) 요금을 지불하십시오

b) 송금을 하십시오

c) 수령을 하십시오

v. Das Dokument sollte in den Umschlag gelegt werden.

a) 송장을 넣으십시오

b) 봉투에 넣으십시오

c) 포장을 하십시오

3. Übersetzen Sie jeden Satz ins Koreanische mit -아/어야 하다.

i. Sie müssen die Adresse des Empfängers genau schreiben.

Antwort: _____

ii. Sie müssen einen Ausweis mitbringen, um das Paket abzuholen.

Antwort: _____

iii. Sie müssen die Versandkosten bezahlen.

Antwort: _____

iv.. Das Paket muss sicher verpackt werde.

Antwort: _____

v. Sie müssen die Sendungsnummer überprüfen, um den Status zu finden.

Antwort: _____

4. Verbinden Sie jede Situation in Spalte A mit der passendsten Anweisung in Spalte B.

Spalte A	Spalte B
i. 송장을 분실했을 때	a) 요금을 지불하십시오
ii. 배송비가 있을 때	b) 직원에게 문의하십시오
iii. 서류를 안전하게 보내고 싶을 때	c) 등기 우편으로 보내십시오
iv. 소포를 빠르게 보내고 싶을 때	d) 송장을 다시 요청하십시오
v. 반송이 가능한지 알고 싶을 때	e) 특급으로 발송해 주세요

Kapitel- 30

ÜBER DAS WETTER SPRECHEN

I. Vokabeln

날씨	Wetter
맑음	klar
흐림	bewölkt
비	Regen
눈	Schnee
바람	Wind
태양	Sonne
폭우	Starkregen
태풍	Taifun
소나기	Schauer
구름	Wolke
안개	Nebel
습도	Luftfeuchtigkeit
번개	Blitz
천둥	Donner
기온	Temperatur
더위	Hitze
추위	Kälte
온도	Temperatur
습하다	feucht
건조하다	trocken
쌀쌀하다	kühl

무덥다	schwül
화창하다	sonnig
시원하다	kühl
따뜻하다	warm
춥다	kalt
덥다	heiß

Ausdrücke

오늘 날씨가 어때요?	Wie ist das Wetter heute?
기온이 얼마나 돼요?	Wie ist die Temperatur?
바람이 많이 불어요	Es ist sehr windig
눈이 올 것 같아요	Es sieht aus, als würde es schneien
비가 내릴 것 같아요	Es sieht aus, als würde es regnen
오늘은 맑아요	Heute ist es klar
습도가 높아요	Die Luftfeuchtigkeit ist hoch
천둥이 쳐요	Es donnert
날씨가 너무 춥네요	Das Wetter ist so kalt
주말에 비가 올까요?	Wird es am Wochenende regnen?
화창한 날씨네요	Es ist sonniges Wetter
밖에 나갈 수 없어요	Ich kann nicht nach draußen gehen
날씨가 흐리지만 따뜻해요	Das Wetter ist bewölkt, aber warm

II. Konversation

A: 오늘 날씨가 어때요?   Wie ist das Wetter heute?

B: 맑지만 바람이 많이 불어요.   Es ist klar, aber sehr windig.

A: 산책할 수 있을까요?   Glauben Sie, dass ich spazieren gehen kann?

B: 바람이 세지만 밖에 나갈 수   Der Wind ist stark, aber Sie können nach

있어요. 우산을 가져가세요.   draußen gehen. Nehmen Sie einen

A: 알겠습니다. 감사합니다!   Regenschirm mit.

Verstanden. Vielen Dank!

III. Grammatik

1. Fähigkeit und Unfähigkeit: -(으)ㄹ 수 있다/없다
(Kann/Kann nicht)

-(으)ㄹ 수 있다 wird verwendet, um auszudrücken, dass etwas getan werden kann, während

-(으)ㄹ 수 없다 Unfähigkeit anzeigt.

Wie man benutzt

Verbstamm + -(으)ㄹ 수 있다/없다

Z.B.: 밖에 나갈 수 없어요 (Ich kann nicht nach draußen gehen)

Beispiele

i. 날씨가 좋아서 산책을 할 수 있어요.

ii. 너무 더워서 밖에 있을 수 없어요.

iii. 비가 와서 운동을 할 수 없어요.

iv. 날씨가 추우면 스키를 탈 수 있어요.

v. 화창한 날에 산책할 수 있어요.

2. Bedingungen für Handlungen: -(으)려면

-(으)려면 wird verwendet, um eine Bedingung für eine Handlung anzugeben, was "wenn du willst" oder "wenn du beabsichtigst" bedeutet.

Wie man benutzt

Verbstamm + -(으)려면

Z.B.:산책을 하려면 날씨가 좋아야 해요 (Wenn Sie spazieren gehen wollen, muss das Wetter schön sein)

Beispiele

i. 등산을 하려면 날씨가 맑아야 해요.

ii. 밖에 나가려면 우산을 가져가야 해요.

iii. 해변에 가려면 날씨가 따뜻해야 해요.

iv. 캠핑을 하려면 비가 오지 않아야 해요.

v. 소풍을 가려면 날씨가 좋아야 해요.

3. Kontrastierende Ideen: -지만 (Aber/Obwohl)

-지만 wird verwendet, um kontrastierende Ideen zu verbinden und bedeutet "aber" oder "obwohl."

Wie man benutzt

Verb/Adjektiv-Stamm + -지만

Z.B.:날씨가 춥지만 재미있어요 (Das Wetter ist kalt, aber es macht Spaß)

Beispiele

i. 오늘은 맑지만 바람이 많이 불어요.

ii. 날씨가 덥지만 해변에 가고 싶어요.

iii. 바람이 불지만 산책을 할 거예요.

iv. 날씨가 흐리지만 덥지 않아요.

v. 비가 오지만 산책할 수 있어요.

IV. Übung

1. Füllen Sie die Lücken mit -(으)ㄹ 수 있다/없다 aus

i. 오늘은 비가 많이 와서 산책을 _____.

ii. 날씨가 좋아서 공원에서 피크닉을 _____.

iii. 눈이 와서 스키를 _____.

iv. 태풍이 와서 바깥에 _____.

v. 바람이 세서 우산을 잘 쓸 _____.

2. Übersetzen Sie jeden Satz ins Koreanische mit -지만.

i. Es ist heiß, aber ich möchte nach draußen gehen.

Antwort: _____

ii. Das Wetter ist kalt, aber der Himmel ist klar.

Antwort: _____

iii. Es regnet, aber ich möchte trotzdem spazieren gehen.

Antwort: _____

iv. Es ist neblig, aber nicht kalt.

Antwort: _____

3. Verbinden Sie jede Wettersituation in Spalte A mit der passendsten Handlung oder Empfehlung in Spalte B

Spalte A	Spalte B
i. 태풍이 올 때	a) 우산을 쓰세요
ii. 날씨가 맑을 때	b) 모자를 쓰세요
iii. 비가 올 때	c) 밖에 나가지 마세요
iv. 눈이 내릴 때	d) 산책을 하세요
v. 더울 때	e) 따뜻하게 입으세요

4. Vervollständigen Sie jeden Satz mit der richtigen wetterbezogenen Phrase aus den angegebenen Optionen.

Optionen:
- 오늘 날씨가 어때요?
- 기온이 얼마나 돼요?
- 바람이 많이 불어요
- 비가 내릴 것 같아요
- 눈이 올 것 같아요

i. A: _____

B: 기온이 낮고 흐려요.

ii. A: 이번 주말 날씨가 어때요?

B: _____. 우산을 준비하세요.

iii. A: 내일 날씨가 어떨까요?

B: _____. 따뜻하게 입으세요.

iv. A: 오늘 바람이 많이 불어요?

B: 네, _____. 밖에 나가지 마세요.

v. A: _____?

B: 오늘은 5도예요.

감사합니다

Vielen Dank

Vielen Dank, dass Sie sich für unser Koreanisch-Grammatik für Anfänger Buch entschieden haben!

Sie sind jetzt auf einem guten Weg, Koreanisch lesen und sprechen zu lernen, und wir hoffen, dass Ihnen unser Hangeul-Grammatik-Buch für Anfänger gefallen hat.

Wenn Sie gerne mit uns Koreanisch gelernt haben, würden wir uns sehr freuen, in einer Rezension von Ihren Fortschritten zu hören.

Wir sind immer begierig zu erfahren, ob es etwas gibt, das wir tun können, um unsere Bücher für zukünftige Lernende zu verbessern. Wir sind bestrebt, die besten Sprachlernmaterialien anzubieten! Bitte kontaktieren Sie uns per E-Mail, wenn Sie Probleme mit den Inhalten dieses Buches hatten:

hello@polyscholar.com

Besuchen Sie unsere Website für weitere Bücher von Jennie und Polyscholar

Unser Bestseller "Koreanisch lernen für Anfänger" konzentriert sich auf die koreanische Strichreihenfolge, falls Sie auch das lernen möchten.

www.polyscholar.com

ANHÄNGE

I. Zahlen

KOREANISCHE ZAHLEN

1 - 하나	Ein	30 - 서른	Dreißig
2 - 둘	Zwei	40 - 마흔	Vierzig
3 - 셋	Drei	50 - 쉰	Fünfzig
4 - 넷	Vier	60 - 예순	Sechzig
5 - 다섯	Fünf	70 - 일흔	Siebzig
6 - 여섯	Sechs	80 - 여든	Achtzig
7 - 일곱	Sieben	90 - 아흔	Neunzig
8 - 여덟	Acht		
9 - 아홉	Neun		
10 - 열	Zehn		
11 - 열하나	Elf		
12 - 열둘	Zwölf		
13 - 열셋	Dreizehn		
14 - 열넷	Vierzehn		
15 - 열다섯	Fünfzehn		
16 - 열여섯	Sechzehn		
17 - 열일곱	Siebzehn		
18 - 열여덟	Achtzehn		
19 - 열아홉	Neunzehn		
20 - 스물	Zwanzig		

SINO-KOREANISCHE ZAHLEN

일	Eins
이	Zwei
삼	Drei
사	Vier
오	Fünf
육	Sechs
칠	Sieben
팔	Acht
구	Neun
십	Zehn
백	Hundert
천	Tausend
만	Zehntausend
십만	Hunderttausend
백만	Eine Million
천만	Zehn Millionen
억	Hundert Millionen

II. Zeitausdrücke

1. Tageszeiten

아침	Morgen
오전 (AM)	Vormittag
오후 (PM)	Nachmittag
낮	Tag/Tageszeit
저녁	Abend
밤	Nacht
새벽	Morgendämmerung/früher Morgen

2. Wochentage

일요일	Sonntag
월요일	Montag
화요일	Dienstag
수요일	Mittwoch
목요일	Donnerstag
금요일	Freitag
토요일	Samstag

3. Time of Day Ausdrücke

지금	Jetzt
곧	Bald
이따가	Später (Heute)
나중에	Später (Allgemein)
방금	Gerade eben
어제	Gestern
오늘	Heute
내일	Morgen
모레	Übermorgen
그제/그저께	Vorgestern

4. Monate des Jahres

일월	Januar	칠월	Juli
이월	Februar	팔월	August
삼월	März	구월	September
사월	April	시월	Oktober
오월	Mai	십일월	November
유월	Juni	십이월	Dezember

4. 4. Tage des Monats

1일	1	21일	21
2일	2	22일	22
3일	3	23일	23
4일	4	24일	24
5일	5	25일	25
6일	6	26일	26
7일	7	27일	27
8일	8	28일	28
9일	9	29일	29
10일	10	30일	30
11일	11	31일	31
12일	12		
13일	13		
14일	14		
15일	15		
16일	16		
17일	17		
18일	18		
19일	19		
20일	20		

III. Zählwörter

1. Allgemeine Zählwörter

Zählwort	Verwendet für	Beispiel
개	Allgemeine Objekte	사과 두 개
명	Menschen	학생 세 명
마리	Tiere	개 한 마리
권	Bücher	책 다섯 권
장	Flache Objekte (Papier)	종이 세 장
병	Flaschen	물 네 병
잔	Tassen, Gläser	커피 한 잔
대	Fahrzeuge, Maschinen	차 두 대
송이	Blumen, Büschel	꽃 세 송이
그루	Bäume	나무 두 그루

2. Zählwörter für Währung und Einheiten

Zählwort	Verwendet für	Beispiel
원	Koreanische Währung	오백 원
번	Male, Vorkommen	한 번
층	Stockwerke	삼 층
쌍	Paare (z.B. Schuhe)	신발 한 쌍
박스	Boxen	우유 두 박스
인분	Essensportionen	삼 인분

3. Zählwörter für Zeit und Alter

Zählwort	Verwendet für	Beispiel
시간	Stunden (Dauer)	두 시간
분	Minuten	십 분
초	Sekunden	삼십 초
일	Tage	사 일
달	Monate (Koreanisch)	세 달
개월	Monate (Sino-Koreanisch)	오 개월
년	Jahre	일 년
살	Alter	열 살

Lösungsschlüssel

Kapitel 1

1.
i. 는
ii. 은
iii. 는
iv. 은
v. 는

2.
i. **A.** 이름이 뭐예요?, **B.** 안녕하세요
ii. **A.** 선생님, **B.** 반갑습니다
iii. **A.** 미국, **B.** 한국 사람
iv. **A.** 직원, **B.** 학생

3.
i. 인도
ii. 중국
iii. 일본
iv. 태국
v. 인도네시아

4.
i. 학생
ii. 입니다
iii. 실례합니다
iv. 김 선생님
v. 만나서

Kapitel 2

1.
i. 을
ii. 를
iii. 를
iv. 를
v. 을

2.
i. 읽어요
ii. 공부해요
iii. 봐요
iv. 좋아해요
v. 해요

3.
i. 저는 신문을 안 읽어요
ii. 저는 영어를 공부 안 해요
iii. 저는 잡지를 안 봐요
iv. 저는 일을 안 해요
v. 저는 영화를 안 좋아해요

4.
i. 책 - d. Buch
ii. 사전 - e. Wörterbuch
iii. 잡지 - a. Magazin
iv. 신문 - b. Zeitung
v. 한국어 - c. Koreanische Sprache

5.
i. 잡지
ii. 안 읽어요
iii. 책
iv. 공부 안 해요
v. 볼펜과 연필

Kapitel 3

1. i. 이
   ii. 이
   iii. 의
   iv. 에

2. i. 지갑이 사무실에 있어요.
   ii. 거울이 화장실에 있어요.
   iii. 가족 사진이 집에 있어요.
   iv. 이불이 빨래방에 있어요.

3. i. 가방이 편의점에 있어요.
   ii. 거울이 화장실에 있어요.
   iii. 지갑이 사무실에 있어요.
   iv. 이불이 집에 있어요.

4. i. c) 집의
   ii. b) 화장실에
   iii. a) 가방이
   iv. a) 식당이

5. i. Kosmetik - f. 화장품
   ii. Restaurant - c. 식당
   iii. Kissen - a. 베개
   iv. Supermarkt - e. 마트
   v. Haus - d. 집
   vi. Tasche - b. 가방

Kapitel 4

1. i. 노트북이에요
   ii. 도서관이에요
   iii. 공원이에요
   iv. 의사예요
   v. 냉장고예요

2. i. 냉장고가 거실에 있어요.
   ii. 친구가 공원에 가요.
   iii. 선생님이 학교에 없어요.
   iv. 동생이 도서관에 와요.
   v. 사진이 벽에 있어요.

3. i. b) 병원
   ii. a) 학원
   iii. b) 은행
   iv. a) 공원
   v. c) 교회

4. i. 카메라예요
   ii. 선생님이에요
   iii. 도서관이에요
   iv. 텔레비전이에요
   v. 은행이에요

5. i. b) 도서관
   ii. c) 책
   iii. b) 카페
   iv. a) 네, 있어요
   v. a) 맞아요
   vi. 침대, 소파

Kapitel 5

1. i. 시
ii. 시
iii. 반
iv. 십오 분
v. 시

2. i. b
ii. e
iii. a
iv. c
v. d

3. i. 세 시 십오 분
ii. (Datum des nächsten Mittwochs)
iii. 월요일
iv. (Wochentag für den 10. Mai des nächsten Jahres)
v. 토요일

4. i. 읽고 있어요
ii. 보고 있어요
iii. 하고 있어요
iv. 놀고 있어요
v. 산책하고 있어요

5. i. 가족
ii. 일요일
iii. 혼자
iv. 기차
v. 친구

Kapitel 6

1. i. 가족
ii. 친구
iii. 동생
iv. 직원
v. 학생

2. i. 예쁘고, 친절하세요
ii. 크고, 멋있어요
iii. 부지런하고, 조용하세요
iv. 날씬하고, 활발하세요
v. 크고, 똑똑하세요

3. i. 형은 크고 멋있어요
ii. 어머니는 예쁘고 요리를 절하세요.
iii. 여동생은 날씬하고 활발하세요
iv. 아버지는 크고 똑똑하세요

4. i. 가족이 몇 명이에요?
ii. 형은 키가 크고, 멋있어요.
iii. 어머니는 어떤 분이세요?
iv. 친구가 세 명 있어요.
v. 여동생은 날씬하고 활발하세요.

5. i. b) 다섯 명
ii. b) 키가 크고, 부지런하세요
iii. a) 친절하시고, 얌전하세요
iv. b) 날씬하고, 활발해요
v. c) 서울

Kapitel 7

i. 읽으세요
ii. 마시세요
iii. 청소하세요
iv. 오세요
v. 보내세요

2. i. e
ii. c
iii. a
iv. b
v. d

3. i. 기다려 주시겠어요?
ii. 앉아 주시겠어요?
iii. 도와 주시겠어요?
iv. 열어 주시겠어요?

4. i. 저를 도와주시겠어요?
    ii. 문을 닫아 주세요.
    iii.잠깐만 기다려 주시겠어요?
    iv.이거 사 주세요.
    v. 커피를 만들어 주시겠어요?

5. i. 물 좀 주세요
    ii. 저를 도와 주시겠어요?
    iii.   창문을 열어 주세요
    iv.   여기 앉으세요
    v. 잠깐만 기다려 주세요

Kapitel 8

i. 뭐
ii. 어디
iii.언제
iv.누구
v. 어떤
vi.언제

2. i. b
    ii. a
    iii. c
    iv. d

3. i. 지금 뭐 먹어요?
    ii. 지금 누구에게 전화해요?
    iii.친구 어디에서 일해요?
    iv.버스는 언제 도착해요?
    v. 오늘은 왜 늦어요?

4. i. 영화를 볼까요?
    ii. 지금 밥을 먹을까요?
    iii.주말에 산책 갈까요?
    iv.내일 어디 갈까요?
    v. 같이 커피를 마실까요?

5. i. 배우고
    ii. 끝나요
    iii.   받았어요
    iv.   타고
    v. 보내

Kapitel 9

i. 마시고
ii. 하고
iii.만나고
iv.보내고
v. 먹고

2. i. b
    ii. c
    iii. a
    iv. e
    v. d

3. i. 마시고
    ii. 좋아해요
    iii.싫어해요
    iv.좋아해요
    v. 가고

4. i. 저는 공원에 가고 싶어요.
    ii. 그녀는 차를 마시는 것을 좋아해요.
    iii.그는 운동을 싫어해요.
    iv.텔레비전을 보고 싶어요?
    v. 저는 책 읽는 것을 좋아해요.

Kapitel 10

i. 하려고 해요: 여행을 하려고 해요
ii. 좋아해요: 운동을 좋아해요
iii.중요해요: 건강이 중요해요
iv.재미없어요: 영화가 재미없어요

2.

i. c	vi. g
ii. a	vii. f
iii. b	viii. e
iv. h	ix. j
v. d	x. i

3.
i. 청소하는 것
ii. 조깅하는 것
iii.책 읽는 것
iv.그림 그리는 것
v. 달리는 것

4.
i. 즐겨요
ii. 중요해요
iii. 좋아해요
iv. 할 수 있어요
v. 중요해요
vi. 하려고 해요

5.
i. 자전거 타는 것을 즐겨요.
ii. 요리하는 것이 중요해요.
iii.축구하는 것은 재미있어요.
iv.나는 수영을 배우려고 해요.
v. 요가는 쉽지 않아요

Kapitel 11

i. 만났어요
ii. 산책했어요
iii.이사했어요
iv.봤어요
v. 읽었어요

2.
i. 여행해 본 적 있어요
ii. 먹어 본 적 있어요
iii.가 본 적 있어요
iv.쳐 본 적 있어요
v. 타 본 적 있어요

3.
i. 저는 어제 서울에 갔어요
ii. 지난밤에 친구와 영화를 봤어요
iii. 저는 주말에 친구를 만났어요
iv. 저는 어제 저녁을 요리했어요
v. 저는 아침에 책을 읽었어요

4.
i. c
ii. e
iii. b
iv. a
v. d

5.
i. 여행했어요
ii. 전시회에서
iii.먹었어요
iv.먹어 본 적 있어요
v. 읽었어요
vi.전에

Kapitel 12

i. 입학할 거예요봐요
ii. 볼 거예요
iii.갈 거예요
iv.읽을 거예요
v. 할 거예요

2.
i. 공부하려고 해요
ii. 요리하려고 해요
iii.이사하려고 해요
iv.여행하려고 해요
v. 만나려고 해요

3.
i. 떠날 것 같아요
ii. 합격할 것 같아요
iii.올 것 같아요
iv.만날 것 같아요

4.
i. 아침에 운동을 할 거예요.
ii. 이번 주말에 친구를 만날 거예요.
iii.오늘 저녁에 비빔밥을 먹을 거예요.
iv.다음 주부터 시험을 준비할 거예요.
v. 주말에 영화를 볼 거예요.

5.
i. 저는 다음 달에 공부를 시작할 거예요.
ii. 우리는 이번 주말에 축제에 갈 것 같아요.
iii. 저는 내년에 서울로 이사하려고 해요.
iv. 아마 내일 친구를 방문할 거예요.
v. 그녀는 6월에 졸업할 것 같아요.

Kapitel 13

i. 보다 더
ii. 보다 더
iii.보다 더
iv.보다 더
v. 더

2.
i. b
ii. d
iii. e
iv. c
v. a

3.
i. 저는 일보다 휴식을 더 좋아해요
ii. 저는 맥주보다 와인을 더 좋아해요
iii.저는 책보다 영화를 더 좋아해요
iv.저는 신발보다 옷을 더 좋아해요

4.
i. 보다 더 편안해요
ii. 보다, 좋아해요
iii.가장 빠릅니다
iv.보다 더 비싸요
v. 보다 덜 피곤해요

5.
i. 이 영화가 가장 재미있어요
ii. 저는 버스보다 차를 더 좋아해요
iii. 이 커피가 저 커피보다 덜 달아요
iv. 이 가방이 모든 가방 중에서 가장 비싸요

Kapitel 14

i. 기뻐요
ii. 슬퍼요
iii.화가 나요
iv.기뻐요
v. 슬퍼요

2.
i. 좋은 소식을 들어서 기뻐요.
ii. 그녀는 슬퍼서 울고 있어요.
iii.그는 지금 화를 내고 있어요.
iv.저는 행복하고 싶어요.
v. 친구가 떠나서 슬퍼요.

3.
i. 슬퍼요 - b
ii. 기뻐요 - a
iii.화나요 - c
iv.놀라요 - d
v. 행복해요 - e

4.
i. 저는 지금 울고 있어요.
ii. 그녀는 화를 내고 있어요.
iii. 아이가 놀라고 있어요.
iv. 우리는 지금 행복해하고 있어요.

5.
i. 좋은 소식을 들어서 기뻐요
ii. 일이 잘 안 돼서 슬퍼요
iii. 저는 행복하고 싶어요
iv. 그는 지금 웃고 있어요
v. 차가 막혀서 화나요

Kapitel 15

i. 일어나야
ii. 요리해야
iii. 끝내야
iv. 운동해야
v. 봐야

2. i. 일찍 일어나는
ii. 양치질 하는
iii. 읽는
iv. 자는
v. 하는

3. i. 방을 청소할 필요가 있어요
ii. 더 공부할 필요가 있어요
iii. 이메일을 확인할 필요가 있어요
iv. 내일의 회의를 준비할 필요가 있어요
v. 건강을 위해 운동할 필요가 있어요

4. i. b
ii. a
iii. d
iv. c
v. e

5. A. i. 세수
ii. 운동
iii. 이메일
iv. 저녁
v. 책

B. i. False
ii. True
iii. False
iv. True
v. False

Kapitel 16

i. 운동
ii. 날씨
iii. 긴장
iv. 가방
v. 화학 제품

2. i. b) 팔꿈치
ii. a) 발목
iii. c) 팔
iv. c) 배
v. b) 다리

3. i. 피부가 가려워요 - b
ii. 허리가 아파요 - d
iii. 다리가 아파요 - c
iv. 눈이 아파요 - a
v. 손목이 아파요 - e

4. i. 두통 때문에 병원에 가야 해요.
ii. 컴퓨터 작업 때문에 손목과
손가락이 아파요.
iii. 저는 매일 아침 공원에서 운동을 해요.
친구도 같이 와요.
iv. 무거운 물건을 들어서 허리가 아파요.
v. 책을 읽어서 눈도 피곤해요.

5. i. 운동을 많이 해서
ii. 공원에서
iii. 병원에 가서 진료 받기
iv. 무릎
v. 집에 있고 싶어 해요

Kapitel 17

i. 와서
ii. 추워서
iii. 불어서
iv. 맑아서
v. 더워서

2. i. c) 춥다
ii. b) 좋다
iii. b) 따뜻하다
iv. a) 설렌다
v. b) 덥다

3. i. 덥네요
ii. 시원하네요
iii. 많네요
iv. 오네요
v. 맑네요

4. 봄이 겨울보다 더 따뜻해요.
저는 비 오는 날보다 맑은 날이 더 좋아요.
오늘 날씨가 어제보다 더 시원해요.
여름이 가을보다 더 더워요.
맑은 하늘이 구름 낀 하늘보다 더 좋아요.

5. i. 맑은 날 - a
ii. 비 오는 날 - e
iii. 더운 여름 - d
iv. 눈 내리는 겨울 - b
v. 바람이 부는 가을 - c

Kapitel 18

i. 볼 때
ii. 읽을 때
iii. 할 때
iv. 할 때
v. 먹을 때

2. i. a) 운동하러
ii. c) 러
iii. a) 낚시하러
iv. b) 찾으러
v. c) 러

3 A. i. 저는 음악을 들을 때 편안해요.
ii. 친구와 테니스를 칠 때 재미있어요.
iii. 요리할 때 저는 항상 레시피를 봐요.

B. i. 저는 운동하러 헬스장에 갔어요.
ii. 친구와 같이 자전거 타러 공원에 갔어요.
iii. 산책하러 공원에 갔어요.

C. i. 저는 독서하면서 음악을 들어요.
ii. 친구와 산책하면서 이야기해요.
iii. 요리하면서 새로운 레시피를 생각해요.

Kapitel 19

i. 갈 거예요
ii. 있을 거예요
iii. 방문할 거예요
iv. 할 거예요
v. 먹을 거예요

2. i. 서울에 갈 때는 한복을 c
ii. 제주도에 가면 흑돼지를 f
iii. 유명한 관광지라서 미리 e
iv. 친구와 함께 경주에 h
v. 한옥에서 자보는 것이 d
vi. 관광지에서 지도를 b
vii. 해운대 해수욕장에서 수영을 g
viii. 남산에서 야경을 a

3.
  i. 부산
  ii. 수영을 하고 싶어요
  iii. 회
  iv. 해운대 해수욕장
  v. 숙소를 예약하는 것

4.
  i. 저는 다음 주에 한옥에서 묵을 거예요.
  ii. 친구와 같이 서울타워에 가는 게 좋다.
  iii. 경복궁에서 전통 옷을 입어 보고 싶어요.
  iv. 제주도에서 바다를 봐 보고 싶어요.
  v. 여행할 때 미리 예약할 거예요.
  vi. 전주 한옥마을에 가보는 게 좋다.

Kapitel 20

  i. 에서
  ii. 까지
  iii. 나
  iv. 이나
  v. 에서

2.
  i. 서울에서 부산까지 - b
  ii. 공항에서 호텔까지 - c
  iii. 전철이나 - e
  iv. 교통이 복잡할 때는 - d
  v. 서울에서는 버스나 - a

3.
  i. 세 시간 동안 기차로 갈 거예요
  ii. 집에서 회사까지 버스나 지하철을 타요
  iii. 45분 동안 택시를 타고 갔어요
  iv. 버스를 타거나 걸어서 갈 수 있어요
  v. 공원에서 집까지 자전거를 타고 산책을 했어요

4.
  i. 고속열차
  ii. 약 두 시간 반
  iii. 택시나 버스
  iv. 버스
  v. 하루 동안

Kapitel 21

  i. 개
  ii. 명
  iii. 병
  iv. 마리
  v. 권

2.
  i. 물 - c
  ii. 치킨 - a
  iii. 사람 - b
  iv. 수박 - e
  v. 잡지 - d

3.
  i. a) 개
  ii. a) 명
  iii. b) 병
  iv. c) 권
  v. a) 마리

4.
  i. 사과 세 개 주세요.
  ii. 물 네 병 얼마예요?
  iii. 친구 다섯 명 만났어요.
  iv. 치킨 한 마리 좀 깎아 주세요.
  v. 책 네 권 읽었어요.
  vi. 수박 세 개 주세요.

Kapitel 22

i. 하기로 **2.** **i. c)** **3.** i. 친구를 초대할까요? **4.** i. b
ii. 만날까요 **ii. a)** ii. 이번 주에 약속을 정할까요? ii. a
iii.만날까요 **iii. c)** iii.저는 준비가 됐는데, 당신은요? iii. e
iv.할까요 **iv. b)** iv.이번 주에 생일 파티를 열까요? iv. d
v. 축하하기로 **v. c)** v. 친구들과 기념일을 축하할까요? v. c

Kapitel 23

i. 안 돼요 **2.** i. 담배를 피우면 안 돼요 **3.** i.　e
ii. 하니까 ii. 위험하니까 조심하세요 ii.　c
iii.들어가면 iii. 지정된 장소에 버려야 해요 iii.　a
iv.하면 안 돼요 iv. 소리를 내면 안 돼요 iv.　d
v. 해요 v.　b

4. i. 도서관에서 음식을 먹으면 안 돼요.
ii. 병원이니까 소리를 내면 안 돼요.
iii.출입 금지 구역에 들어가면 안 돼요.
iv.영화관에서 휴대폰을 사용하면 안 돼요.
v. 여기에 주차하면 안 돼요.

Kapitel 24

i. 계세요 **2.** i. a) 인사해야 **3.** i. 지켜야
ii. 가세요 ii. b) 지켜야 ii. 배려해야
iii. 보세요 iii. c) 배려해야 iii. 지켜야
iv. 가셨어요 iv. a) 지켜야 iv. 존경해야
v. 하셨어요 v. b) 양보해야 v. 조용히 해야

4. i. 나이 - b) 연세 **5.** i. 할머니께서 조심하라고 하셨어요.
ii. 이름 - a) 성함 ii. 어머니께서 잘 먹으라고 하셨어요.
iii.집 - e) 댁 iii.선생님께서 내일 뵙겠다고 하셨어요.
iv.밥 - d) 진지 iv.어른들께 자리를 양보해야 해요.
v. 아프다 - c) 편찮으시다 v. 아버님께서 출장 가신다고 하셨어요.

Kapitel 25

i. 하면서
ii. 들으면서
iii. 풀면서
iv. 읽으면서
v. 하면서

2. i. a) 읽기 쉬워요
ii. b) 풀기 어려워요
iii. b) 외우기 쉬워요
iv. b) 완성하기 어려워요
v. b) 이해하기 어려워요

4. i. 수업을 들으면서 - c
ii. 시험을 준비하기 위해서 - a
iii. 공부하면서 - e
iv. 예습을 하면 - b
v. 장학금을 받기 위해서 - d

5. i. 저는 공부를 하면서 음악을 들어요.
ii. 교과서를 읽으면서 복습을 해요.
iii. 강의를 들으면서 필기를 정리해요.
iv. 친구와 문제를 풀면서 질문을 해요.
v. 저는 수업을 들으면서 노트를 정리해요.

Kapitel 26

i. 후에
ii. 후에
iii. 후에
iv. 후에
v. 후에

2. i. 마세요
ii. 마세요
iii. 마세요
iv. 마세요
v. 마세요

3. i. 쉬는 게 좋아요
ii. 마시는 게 좋아요
iii. 자는 게 좋아요
iv. 있는 게 좋아요
v. 가는 게 좋아요

4. i. 두통이 있을 때 - d
ii. 열이 높을 때 - c
iii. 목이 아플 때 - a
iv. 피곤할 때 - b
v. 배가 아플 때 - e

5. i. 두통이 / 게 좋다
ii. 게 좋다
iii. 게 좋다
iv. 후에
v. 기침이
vi. 두통이 / 마세요
vii. 식사 / 후에
viii. 목이 / 마세요

Kapitel 27

i. c   **2.** i. 알려주세요   **3.** i. 2층에 가면 화장실이 있습니까?
ii. e   ii. 있습니까   ii. 출구가 어디에 있는지 알려 주세요.
iii. b   iii. 있습니다   iii. 1층에 약국이 있습니까?
iv. a   iv. 나옵니다   iv. 엘리베이터는 입구 근처에 있습니다.
v. d   v. 있습니까   v. 3층에 도착한 후에 왼쪽으로 도세요.

4. i. a) 입구   **5.** i. 건너편에 있어요
ii. a) 사거리   ii. 오른쪽으로 도세요
iii. c) 건너편   iii. 왼쪽에 있어요
iv. b) 입구   iv. 계단을 내려가세요
v. b) 코너   v. 옆에 있어요

Kapitel 28

i. 잔액을 확인해 주세요   **2.** i. a
ii. 번호표를 뽑으세요   ii. b
iii. 체크카드를 발급해 주세요   iii. b
iv. 비밀번호를 입력하세요   iv. a
v. 통장을 정리해 주세요   v. b

3. i. 번호표를 뽑고 기다리면 돼요.   **4.** i. c
ii. 비밀번호를 입력하면 출금할 수 있어요.   ii. b
iii. 신분증을 가지고 있으면 계좌를 만들 수 있어요.   iii. d
iv. 키패드를 누르면 돼요.   iv. e
v. 통장을 제출하면 잔액을 확인할 수 있어요.   v. a

Kapitel 29

i. 요금   **2.** i. a   **3.** i. 수신인 주소를 정확히 적어야 해요.
ii. 특급   ii. c   ii. 소포를 받으려면 신분증을 가져야 해요.
iii. 송장   iii. b   iii. 발송비를 지불해야 해요.
iv. 서명   iv. a   iv. 소포를 안전하게 포장해야 해요.
v. 우체국   v. b   v. 상태를 확인하려면 송장 번호를 확인해야 해요.

4. i. **d)** 송장을 다시 요청하십시오
 ii. **a)** 요금을 지불하십시오
 iii. **c)** 등기 우편으로 보내십시오
 iv. **e)** 특급으로 발송해 주세요
 v. **b)** 직원에게 문의하십시오

Kapitel 30

 i. 못 해요
 ii. 할 수 있어요
 iii. 탈 수 있어요
 iv. 나갈 수 없어요
 v. 수 없어요

2. i. 덥지만 밖에 나가고 싶어요.
 ii. 날씨가 춥지만 하늘은 맑아요.
 iii. 비가 오지만 산책하고 싶어요.
 iv. 안개가 있지만 춥지 않아요.
 v. 화창하지만 바람이 많이 불어요.

3. i. 태풍이 올 때 - **c)** 밖에 나가지 마세요
 ii. 날씨가 맑을 때 - **d)** 산책을 하세요
 iii. 비가 올 때 - **a)** 우산을 쓰세요
 iv. 눈이 내릴 때 - **e)** 따뜻하게 입으세요
 v. 더울 때 - **b)** 모자를 쓰세요

4. i. 오늘 날씨가 어때요?
 ii. 비가 내릴 것 같아요
 iii. 눈이 올 것 같아요
 iv. 바람이 많이 불어요
 v. 기온이 얼마나 돼요?